たった一言が嬉しい変化を
続々引き寄せる!

イラスト版

話し方を変えると「いいこと」がいっぱい起こる!

植西 聰
Uenishi Akira

三笠書房

はじめに

幸せな人は〝幸せになる言葉〟を、美しい人は〝美しくなる言葉〟をつかっているのです!

言葉には、自分の好きな人を振り向かせるほどのパワーがあります。自分が抱えている悩みだって吹き飛ばすパワーがあるのです。

「言」という漢字を横にすると、口という漢字からたくさん何かが出ているような形になります。昔の人は、口からエネルギーが出ている様子を感じ取り、その状態を「言う」という漢字にしたからだそうです。

日本でも昔から言葉には霊なる力、パワーが宿るものと考えられ、その力は「言霊《ことだま》」と呼ばれていました。そのためか「口を慎《つつし》む」「口は災いのもと」など、言葉のつかい方を注意することわざが多くあります。また、『新約聖書』では「初めに言葉ありき」と言葉によって天地創造がなされたと記しています。

言葉にはすべてを創造していく力がある

誰でも毎日、数え切れないほどたくさんの言葉をつかっています。言い方1つで人から好かれたり、頼みを聞いてもらえたり、チャンスを逃したり。**毎日話す言葉のパワーが、自分のまわりの人を動かし、自分を変え、自分の未来をつくっていきます。**

ですから話し方をちょっと変えるだけで、未来は大きく変わります。

本書では行動も性格も**すべてが幸運を引き寄せるように変わっていく話し方のコツ**をご紹介します。誰にでもできる簡単なことですが、効果が大きいことばかりです。

実践していただければ、いつの間にか「いいこと」がいっぱい起こり始め、たくさんの幸運が手に入ること間違いなしです！

久しぶり！最近どう？
お待たせ
昨日の飲み会で
ぐいぐい押しすぎて引かれちゃった…
あるある～
私は昨日後輩君を泣かせちゃってさ～
さすがに悪かったな…
そんなことも知らないの!?
すみません～っ
ゆかりは言い方キツイから…
私はだんなとケンカして…
ズーン
仲直りのタイミングがわからなくて…
わかる
大丈夫だよ!!

この間、私も彼とケンカになったけど…
ある方法を試したら
うまくいったの！
実は
話し方が大事なんだよ
!?
なになに
どういうこと〜〜〜!?
ふっふっふ
それはね…
ゴソ
ゴソ
この本を読んだのー！
イラスト版
話し方を変えると「いいこと」がいっぱい起こる!
植西 聰
それだけで!?
みんなもチャレンジ！
やるぞー!!

もくじ

LESSON 1

「いい言葉」は、夢のようなビッグな幸運をおもしろいほど引き寄せます！

LESSON 2

ひまわりのように明るく！ 相手の〝弱さ〟を受けとめる

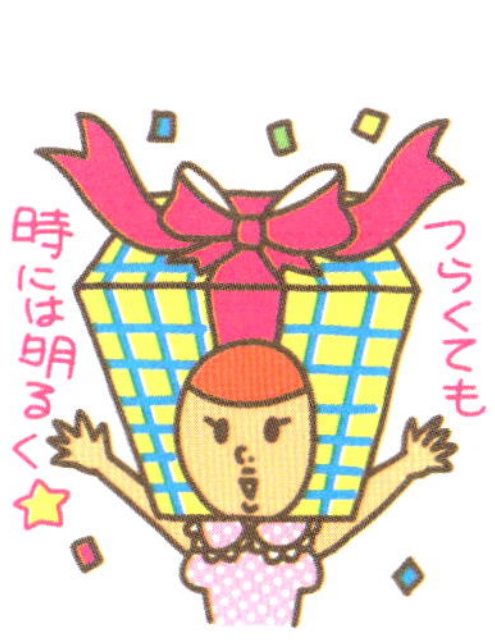

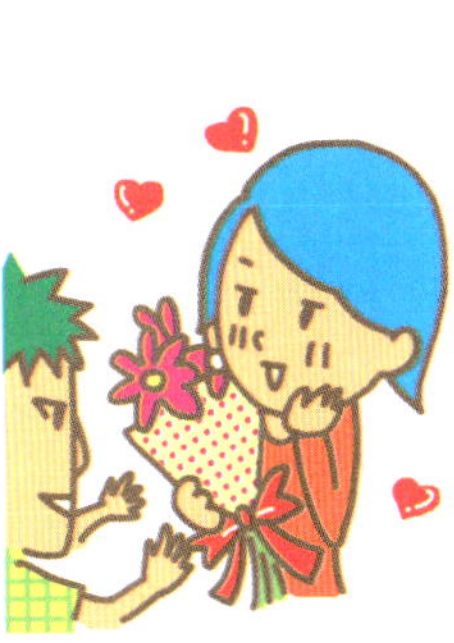

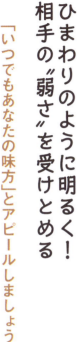

ガンバレ

教えてください
しょうがないなー♪

LESSON 3

ただの知りあいから“特別な存在”に変わることを約束します！

LESSON 4

“つまらないトラブル”を避けるために知っておきたいルール

LESSON 5 いつまでも〝最高に仲のいいふたり〟でいられる秘訣

イラスト：比恵島由理子（デジカル／ISSHIKI）
本文デザイン・DTP：デジカル

LESSON 1

「いい言葉」は、夢のようなビッグな幸運をおもしろいほど引き寄せます！

本当に！ 本気なら宇宙にだって行けるのです！
実は、心の中の「ひとりごと」がポイントだった！
「ちょっぴり小悪魔」テクニックも！

一瞬で人気も
チャンスも集まる
“チャーミングな
心づかい”

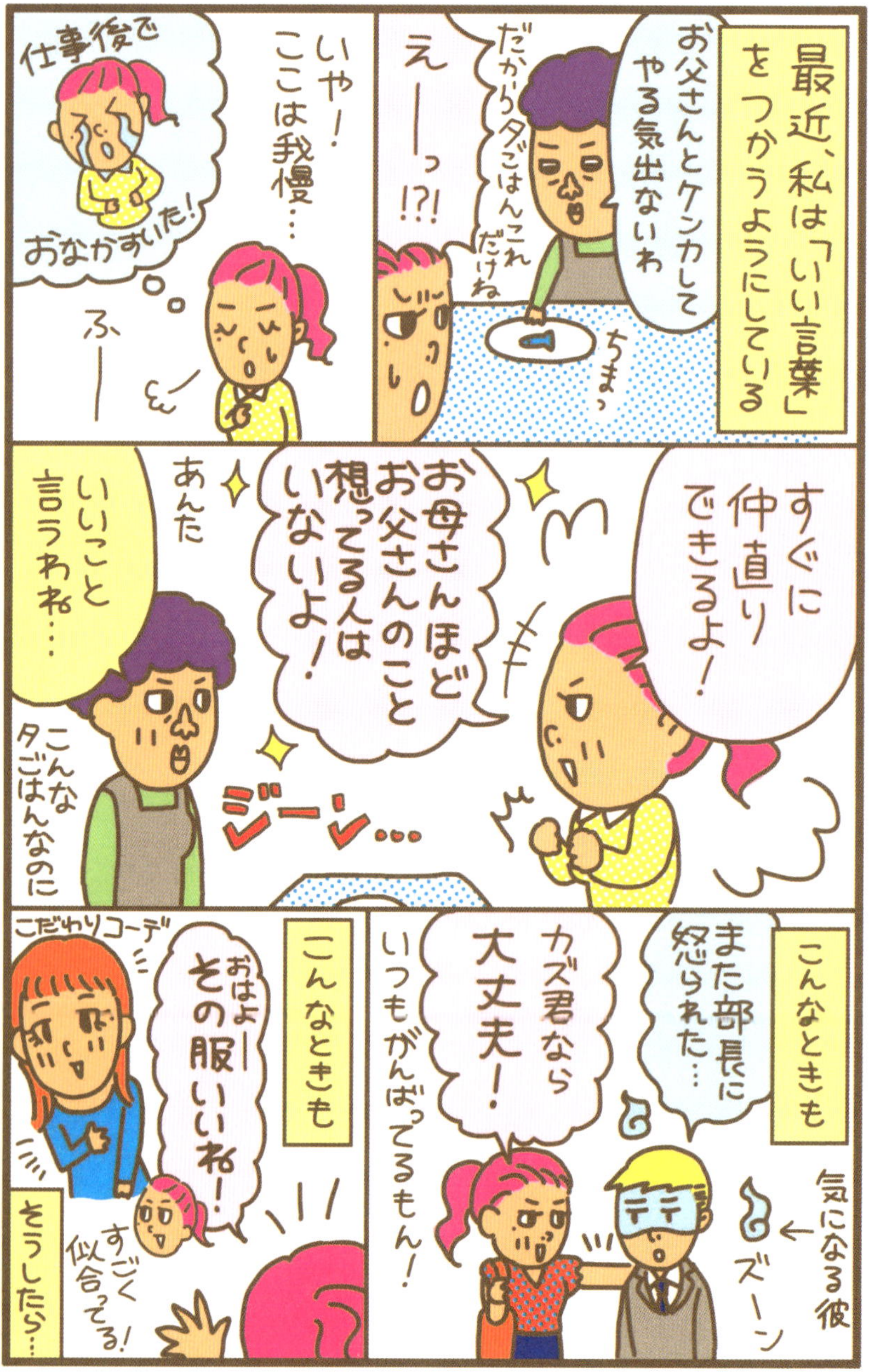
最近、私は「いい言葉」をつかうようにしている
お父さんとケンカしてやる気出ないわ
ちまっ
だから夕ごはんこれだけね
えーーっ!?!
いや!ここは我慢…
仕事後でおなかすいた!
ふーーー
すぐに仲直りできるよ!
お母さんほどお父さんのこと想ってるんはいないよ!
あんた
いいこと言うわね…
こんな夕ごはんなのに
ジーン…
こんなときも
また部長に怒られた…
気になる彼
ズーン
カズ君なら大丈夫!
いつもがんばってるもん!
こだわりコーデ
こんなときも
おはよーその服いいね!
すごく似合ってる!
そうしたら…

ただいまーーって
何このごちそうっ!?
「いいこと」がいっぱい起こるようになった!
今晩はお父さんと仲直りのお祝いよ!
サクラに励まされてもう1回がんばってみたら
成果出て、
部長にサッカーのチケットもらったからいっしょに行こうぜ!
やった!
デザイナーの友だちがくれたから
よかったらこの服もらってくれない?
いいの?
この間ほめてくれたブランドのもの!
ちょっとした言葉の気づかいで
BIGな幸運ゲット!

1 「ハッピーな予言」を得意ワザに

言葉には、性格や見た目までも変える力がある

「いい予言=暗示」をして、その通りに未来を変えよう!

心理学に「予言の自己成就《じょうじゅ》効果」というものがあります。

これは、人が、過去に占いなどで予言された通りの行動を起こしてしまう現象をさします。

そしてこの「予言の自己成就効果」を、強運な人は、賢く活用しています。

運がいい人は、自分に対して「いい予言」をして、次々とそれを成就させているのです。

たとえば、往年の美人女優ソフィア・ローレンは、もとはさほど美しくなかったのに、毎日鏡に向かって「私は美しい」と自己暗示をかけた結果、とても美しくなったそうです。

この現象は、体内のホルモンバランスが暗示によって変化するためと考えられています。

デビューしたてのタレントが、「きれいですね」と言われるうちにどんどんアカ抜けてくるのも、メイクの腕があがったほか、暗示によるホルモンバランスの変化のためと考えられます。これらの例からもわかるように、予言の自己成就効果は一種の「暗示」なわけです。

伝説の「美人製造クラブ」

アメリカのある大学の話です。どう見ても美人と思えない女子学生を男子学生がひとりひとりデートにさそい、「君は魅力的だ」とほめまくったのです。その結果、彼女は半年後の美人コンテストで本当に1位に選ばれました。

暗示は、人間の行動だけでなく、内面や細胞をも変化させてしまうのです。**つまり、「話し上手になって、たくさんの人に愛される」と自分に暗示をかければ、今よりもっと話し上手になることも、愛されることも可能なのです。**

2 確実に願いを叶える方法

願いを言葉にするのがスタート！

本当に！　本気なら宇宙にだって行けるのです！

かつてアメリカのジョン・F・ケネディ元大統領は、「1960年代が終わるまでに人類を月に送る」というゴールを定めました。おもしろいことに、大統領はこのとき、どうすればいいのかその方法については全然わからなかったといいます。しかし彼には、**成功に必要な大切な要素**が備わっていました。**それは、「できるという信念」「真剣に取り組む姿勢」「行動を起こすという意志」、そして、「月に送る」とはっきり宣言したことです。**

1969年、世界中がテレビを見つめる中、アームストロングらアメリカ人が人類ではじめて月の表面に誇らしげに降り立ちました。成功者は、ゴールを言葉にしているのです。

3

いい言葉は、いい未来をつくります

ツイている人の言葉づかいをまねてみよう

実は、心の中の「ひとりごと」がポイントだった！

運がいい人の言葉づかいを観察してみると、自分を卑下《ひげ》することがないことに気がつきます。そして、幸運体質の人は、よくプラスの言葉をつかいます。

「私はできる」「失敗なんてありえないさ」「今度はこの間よりうまくいく」

幸せな人のひとりごとは、自分を奮《ふる》い立たせるものなのです。

一方で、いつも失敗している人は、「できるはずがない」「自分は不器用だ」などという弱音を吐きます。そうやって自分で自分を卑下しているうちに、本当に自信を失い、失敗をくりかえしてしまうのです。

4 会話もユーモアでドレスアップ

クスッと笑わせて、「忘れられない人」になる！

このイクラ
おいくら？
なーんて

ユーモア（Ｈｕｍｏｕｒ）の語源は何？

欧米では、ユーモアのセンスがある人は一目置かれます。就職面接でも、「自分はユーモアのセンスがあります」、とアピールする学生がいるほどです。

元来、ユーモアとは「体液」を意味した言葉です。意外にも、ユーモアも体液も、人間関係や細胞どうしのつながりをスムーズにするという意味では同じ役割を果たしていますね。

日本では、「ユーモア」に近い言葉として、「しゃれ」があります。漢字で書くと、「洒落」となりますが、やはり、粋《いき》な会話で、人間関係をスムーズにするところは同じです。そして、「しゃれ」に「お」がついたのが「おしゃれ」です。装うことによって、人間関係をスムーズにするのが、おしゃれの本質。やはり、ユーモアと共通点があるようです。

なぜユーモアが人間関係に大切なの？

ユーモアは、人間だけがもっているものです。ですから、そこにはきっと深い人間的意味があると哲学者たちは考えました。アリストテレスからニーチェ、フロイトまで、多くの哲学者や心理学者がその意味を探究してきましたが、いまだにきちんと解明されていません。

「人間にとってのユーモアとは？」

これは永遠のテーマです。

ただ、理屈はなんにせよ、**人間の心にもっとも強い印象を残すのは、笑いと恐怖です。**「おもしろい人＝忘れられない人」なのですから、ユーモアのあるおもしろい人になれば、モテるのは当然なのです。

5

ちょっとした失敗は、ユーモアでかわいく挽回！

親しみやすい人になればふたりの距離はぐんと縮まる

上質なユーモアは、雰囲気をなごませる魔法の妙薬

最初は、意識しておもしろいことを話そうと思っても、なかなかうまくいかないでしょう。

「おもしろいことを言うのは、よくないこと」という意識を捨て、「ユーモアは人間関係の妙薬」と思うだけでも、気持ちが楽になるはずです。

ユーモアがもっとも力を発揮するのは、困難、逆境、対立、被害など、マイナスの事態が身のまわりに起こったときです。たとえば恋愛なら、自分が彼とのデートの待ちあわせ時間に遅れてしまったとき。あなたなら、なんと言いますか？　もちろん、最初の一言は、**「遅れてごめんなさい」**でしょう。その次の一言として、**「電車のダイヤが乱れたせいで遅れちゃっ**

たの」などと遅刻の理由を告げるのが、一般的な会話の流れでしょう。もし、こんな弁解をしても彼の機嫌が直らないなら、ユーモアの出番です！

これがユーモアのパワーです

「ごめんなさい。実は今日のデートが楽しみで昨日は遅くまで眠れなかったの。おまけに明け方やっと寝つけたと思ったら、あなたの夢を見てドキドキしちゃって寝た気がしなくて。今朝も何を着ていこうか考えているうちにいつの間にか、時間がたっちゃったの。ねえ、私の遅刻の原因の半分はあなたにあるのよ。だから許してね♪」

彼がクスッと笑ったら、しめたもの。

同様に、彼がジョークを言ったら、こらえないで大声で笑いましょう。**笑いが絶えない関係は、いつまでも仲よくつづきます。**

6

人に見られると美しくなるのは〝瞬間表情〟が増えるから

視線を浴びるほど、磨かれ輝く！

好感度の秘密は、瞬間表情にあり！

ひとりで電車を待っているときや、仕事中パソコンに向かっているとき、また、ぼんやりと歩いているとき、自分がどんな表情をしているか意識したことがありますか？

そんなときはたいてい周囲の人に何かを伝える必要のある状況にはないので、とくに笑顔にも、怒り顔にも、泣き顔にもなっていないはずです。このなんの感情も映し出していない表情は、まわりの人に、いい意味にしろ悪い意味にしろ、メッセージを伝えることはありません。そんな他人の視線を意識していない表情を固定表情（**無意識の状態の表情**）といいます。

逆に、人と会っているときや、写真に撮られるとき、鏡に向かって微笑んでいるときなど、誰かの視線を意識しているときの表情は、**瞬間表情**といいます。

歩いている最中に意識するだけでも変わる！

特別に悲しくも楽しくもない平常心でいるとき、それでいて相手を意識しているとき、私たちの顔は、ごくやわらかで自然な瞬間表情になっています。眉間《みけん》はゆるやかに開き、口角が少しあがり、かすかに微笑んでいるように見えます。この表情をしているとき、自分が意識していてもいなくても、**「楽しそう、熱心、元気、親しみやすい」**という印象を自然と周囲に与えます。

つまり、愛される人になるためには、常に誰かに見られている意識をもち、心の窓を開いた状態を示す〝瞬間表情〟でいる時間を増やすことが大切なのです。

7

初対面から好かれる人は、あいさつに一言プラス

このシンプルな言葉に、絶大な効果が！

リスクなく高い効果が期待できる法

「あいさつなら、言うことが決まっているから緊張していてもできるけど、そのあとに気がきいたことを言う自信がない」そんな不安がある人は、こんな簡単な一言から始めましょう。

「おはようございます。今日は暑いですね」とか、**「お疲れさまでした。今日はハードでしたね」**という程度なら、あいさつとほとんど変わりない社交辞令のようなものです。これをつけくわえたからといって相手に不審に思われることはありませんし、ものすごく緊張することもないでしょう。しばらく、こんなシンプルな一言のプラスをつづけてみてください。

それが自然にできるようになったら、次のような〝もう一言〟をプラスしてみましょう。

なれてきたら、こんな言葉をさらにプラス！

「おはようございます。今日は暑いですね。プールに飛びこみたいくらいですよ」

「お疲れさまでした。今日はハードでしたね。よく休んでくださいね」

これなら、あいさつのあとに自然につづけられるし、失礼にも当たりません。べつにデートにさそうわけでもありませんから、親しくない相手にも違和感なく言えるでしょう。

幸運は人が運んでくるものです。人に好かれるために大切なのは、自分をアピールすることです。そのやり方は相手を驚かせたり、不愉快な気分にさせたりするものであってはいけません。自分をアピールするのにいちばん高い効果が期待できるのが、さわやかなあいさつとそれにつづく一言なのです。

8 自分のことは、小出しに、小出しに

出会いは、最初が肝心です！

すてきな人の前で、こんなふうに、しゃべりすぎていませんか？

初対面で注意しておきたいことは、**「自分のことを話しすぎないこと」**です。

私たちは、人と仲よくなろうとするとき、「自分のことを、もっとたくさん知ってもらいたい」と考え、性急に自分についての情報をたくさん相手に与えようとします。

生まれはどこか？　兄弟は何人いるか？　子ども時代はおてんばだったか、おとなしかったか？　高校は共学か、女子校か？　どんなスポーツが好きで、なぜ今の会社を選んだのか？　会社は楽しいか？　将来はどうなりたいのか？　今、夢中になっていること……。

伝えたいことが山ほどあるとき、一度スイッチが入ってしまえば、もう止まりません！

相手に聞かれるまでもなく、きっと、長い長い自己紹介を始めてしまうのです。
でも実は、知りあったふたりが新鮮な関係を長く保つには、お互いに少し知らないことがあるくらいがいいのです。

モテる人ほどミステリアス！

「この人はどんな人なのだろう？」という興味を相手に抱かせることができれば、相手はその答えを見つけるまで、あなたに何度も話しかけ、さそってくるでしょう。お互いのことを深く知るほど、ふたりの距離が縮まるわけではありません。お互いについてくわしく知らなくても、知りあったという事実が消えることもありません。

あせって最初からプライバシーのすべてを教えてしまうと、相手の関心はすぐにうすれてしまうのです！

9

あなたの新しい一面を発見する楽しみをあげる

自分は「こういう人」と決めつけない

「私って、○○な人だから!」は厳禁です!

自己紹介で注意したいことが1つあります。

それは、「私は几帳面です」「外見は女らしいけれど、中身は男らしいとよく言われます!」などと自分の性質を決めつけないことです。その自己紹介のせいで、**「この人はこういう人」という先入観を抱かせてしまうと、いろいろな出会いやチャンスが訪れる可能性を減らしてしまう**ことがあるからです。性質は固定したものではなく、相手の受け取り方もさまざまです。ですから、自分の性質を自分で分析して決めつける必要はないのです。

とくに相手が男性の場合は要注意。男性は、「この女性はどんな人なのかな。何が好きな

のかな。どうすれば喜んでくれるんだろう？」と相手を分析し、つきあっていく中で答えを見つけていく流れが大好きなのです。

「はっきりものを言うけれど、案外照れ屋なんだな♪」と、**あなたの魅力を発見する喜びや楽しみを、彼から取りあげてはいけません。**楽しみのない関係は、長つづきしないことが多いのです。

「ちょっぴり小悪魔」テクニックも！

「学生時代は、どんなタイプだったの？　クラブ活動はしていたの？　勉強は好きだった？　スポーツは得意だった？」

つきあい始めて間もないデートで、彼にあまりにもいろいろとプライベートなことを質問されたら、**「どんなタイプかなんて、自分ではわからないな。ご想像におまかせするわ」**などと、うまくはぐらかして、謎めいた部分を残すのもおすすめです。

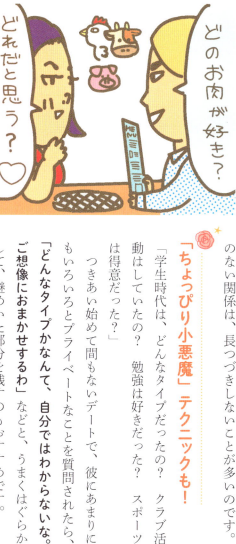

10

刑事《デカ》になって尋問を始めない！

ズケズケと相手のことを聞きすぎていない？

相手のことを知りたいときほど、気をつけて！

気になる相手のことを知りたいというのは、人として当たり前の感情です。できることなら、相手の家族構成も趣味も、収入も年齢も、学校名や好きな食べ物のことだって、残らず知りたいと思うでしょう。しかし、あまりにもその気持ちがあからさますぎるのは、お行儀がいいとはいえません。いくら相手が自分に関心をもってくれていたとしても、**質問攻めにあった相手は、まるで品定めをされているとしか思えず、いい気はしない**からです。初対面の人に、必ず身上調査から会話を始めてしまうのは日本人の悪いクセといえるでしょう。

「年齢は？　大学はどこ？　会社はどちら？　ご出身は？　お住まいは？　結婚は？」

当たり前のようにこんな会話が交わされますが、これは外国では、まず見ない光景です。

日本人は、本人の個性よりも、その人が社会的にどの位置にいるかを重視しがちです。

そして、その人がどんなにすばらしい個性をもっていても、それが社会で評価されていなければ、軽視しがちです。なんだかちょっとさびしい気持ちがします。

本当にモテる人がしないこと

「これまでに何人とつきあったの？　初デートしたのは何歳のとき？　前の恋人はどんな人だったの？　その人はどこにお勤め？」と、相手の恋愛経験について尋問のようにストレートな質問ばかりするのは、もうやめましょう。相手は取り調べされているような気分になり、あなたとの間に壁をつくってしまいます。

いつもいい人間関係を築いている人は、こんな壁をつくらせないよう気をくばっているのです。

11

悪口を言う人の顔は、言葉通り意地悪そうになっていく

当たり前だけど、ほとんどの人ができていないこと！

あなたは、決してこんな人にならないでください！

うわさ話の大半は悪口だといっても、過言ではないでしょう。その悪口の大半は、その場にいない人の悪口です。悪口は言わないほうがいいとわかっていながら、私たちはどうして悪口を言ってしまうのでしょう？　心理学的に、悪口の意味ははっきりと解明されていませんが、もしかすると、人間の本能に、そのような性質が隠されているのかもしれません。

いずれにせよ、周囲から愛されたいなら、悪口を言うのをやめなければいけません。仮に自分が誰かの悪口を言ったときに、まわりの人が楽しそうにその話題にのってきたとしても、悪口を言ってもいいと思うのは間違いです。相手が不愉快に思うかどうかよりも、**悪口を言っ**

ている自分自身の心が「ネガティブな状態」になるのが問題なのです。

心の美しさは、雰囲気ににじみ出ます

「ねえ、○○さんがあなたのことを生意気だって言っていたわよ。彼女、ちょっと調子にのっているから、ピシッと言ってやったほうがいいわよ！」

もし誰かがこんなことを言ってきたとしても、「ご忠告ありがとう。でも、私はあまり興味ないわ。もし私が彼女に失礼なことをして生意気だと思われたのなら、しかたがないし」と、やんわりと距離を置くのが得策です。

悪口を言うとき、心の状態はマイナスになっています。悪口を言うほど心にマイナスのエネルギーをためることになり、その波動で、言った自分にマイナスの出来事が起こってしまうのです。

12

表情で、気持ちをラッピング

嫌いな人には、あいさつもしない!?

不機嫌な態度で接する人は、幼稚な人

表情は、「私は今、こう思っています。こう感じています」という、心理状態を示す掲示板です。相手に対して自分の感じていることをわかってもらうための、コミュニケーションツールです。**言い換えれば、表情は他人のために存在しているのだともいえるでしょう。**

表情は、とても正直です。自分では顔に出していないと思っていても微妙な変化は隠せません。うれしい気持ちや楽しい気持ちが顔に出るのはいいことですが、その逆の場合は、相手との関係をそこねる原因にもなってしまいます。表情にも気くばりできるようになれば、幸運は安心してあなたのもとにやってきます。

13

悲しい表情をすれば、悲しみは倍増するのです

気分は「表情」でコントロールできる！

思ったことがすぐ顔に出てしまう人は、どうすればいい？

いちばんいいのは、イヤな感情を心の中にもたないよう訓練することです。何があっても明るい受けとめ方ができる人は、心が曇らないため、表情もいつも明るいのです。

考えてみれば、人間の表情はとても単純なものです。うれしければ笑顔になり、腹が立てば怒り顔になる。表情は心の鏡なのです。おもしろいことにこの現象は、逆の順番で試しても同じ結果を生みます。つまり、笑顔をつくるとうれしい気持ちになり、怒り顔をすると腹が立ってきます。これを心理学では**「フェイシャル・フィードバック効果」**といいます。この効果をつかえば、明るい表情を心がけているうちに、本当に明るい気持ちになれます。

14 いつもいい気分でいられる最大の秘密

嵐の日も、カタツムリにとってはHAPPY DAY!

何事も、いいほうから見てみよう

何事もよい方向に考え、いつも明るい顔をしている人は、それだけで人に愛されるすばらしい才能をもっているといえるでしょう。

物事すべてには、表があれば裏もあります。表から見て悪いと思ったら、裏から見る。常に「いいほうから見ていく」という、たったこれだけのことで、自分の心は決してネガティブになることはなくなります。この発想を数日、数カ月、とつづけていくと、楽天思考の習慣が身について、自分自身の行動も性格もすべて幸運を引き寄せるように変わっていきます。人に好かれる人の多くも、この楽天思考の持ち主です。

心理学コラム

服装で出会いは大きく広がる

ファッションを変えると、言葉の重みも変わります

お見合いやホテルでのパーティーのように「すてきな出会い」を期待して行く場所に、部屋着のようなラフな服装で行く人は、まずいないでしょう。男性も女性も、いつもよりおしゃれをするのが普通です。ではなぜ、人は出会いの場でおしゃれをするのでしょう？

それは、服装が、その人の印象を決める重要な要素となるからです。服装はその人の人柄や社会的地位などを判断する重要なヒントとなります。

アメリカの心理学者レオナード・ビッグマンは、服装についての興味深い実験を行いました。公衆電話をつかい終えて電話ボックスを出たとき、外にいた男に「すみません。さっきそこにコインを忘れたのですが」と声をかけられたとします。その男の服装が、パリッ

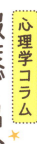

としたスーツにネクタイ姿だった場合と、汚れたヨレヨレの服装だった場合では、声をかけられた人の対応に、違いが出るかどうかを調べる実験です。

実験結果によると、スーツにネクタイ姿の男性のほうが、汚れたヨレヨレの服を着た男性よりも、置き忘れたコインを返してもらえる割合が高かったそうです。女性の場合も、ドレスにコートをはおった姿とみすぼらしいブラウスにスカートという姿での比較実験が行われ、やはり品のいい服装の女性のほうが信用してもらえました。

また、スーツ姿の人が信号無視をして横断歩道を渡った場合と、汚れたヨレヨレの服を着た人が同じように渡った場合では、どちらの人につられて渡りやすいかという実験では、やはりスーツにネクタイ姿の人のほうにつられて渡る人が多かったそうです。

これらの実験は、服装の力を表しています。服装により、人々に与える影響力や印象はまったく変わってしまうのです。

とびきりのおしゃれをする必要はありませんが、「きちんとした服装」は確実に周囲からの信頼度をアップさせます。はじめての出会いの場所できちんと装うのは、「私を信頼してほしい」という気持ちの表れなのです。

LESSON 2

ひまわりのように明るく！相手の“弱さ”を受けとめる

- 大切なのはタイミング
- 9割の人間が、日々求めているものとは？
- 相手の様子を見ながら話そう

自然に、
確実に！
好感度アップ
する秘訣
FIGHT!

最近同じ部署になったみゆちゃん
また失敗しちゃって…
大丈夫だよ
ほらっ食べよっ
ランチメニュー
子どもが熱出しちゃって帰らないと…
私、この仕事やっておきます！
大変ですね
まわりが落ちこんでいるとき
励ましの言葉をかけてあげたり
大丈夫！！
自分と違う立場の人のことでも
共感して助けてあげたり
それは大変っですね
かといって真面目すぎず
今日は楽しいからお店に泊まっちゃおうかなー
ユーモアもあって楽しい
どっ

ある日
仕事でミスをしてしまった
こんなとき話を聞いてくれる人がいたらな…
そういえば・・・
大丈夫だよっ
今度の日曜？
うん！空いてるよ！
人を幸せにする人は
前から彼のこと気になってたんだよねー
幸せになるのです

15

「いつでもあなたの味方」とアピールしましょう

強い人ほど、孤独を抱えているかも!?

弱さを受けとめてあげる

どんなに努力していても、100%の確率で成功することはありえません。どんなに頭がよくて強い人でも、思うようにいかずに落ちこんだり、何もかも投げ出したくなったりすることはあるのです。もしも自分が、強烈なポジティブ・シンキングの持ち主で、何があっても落ちこむことのない人なら、メソメソしている人が弱虫に見えることがあるでしょう。しかし、その人が弱さを見せられるのは、あなただけかもしれません。あなたを信用しているから、他人には見せない弱点をさらけ出しているのかもしれません。

ふだん、泣き言を言わない人が落ちこんでいるときは、思いっきり認めてあげましょう。

味方になってくれる人を大切に思うのは、人間の本能です

強い人であっても、自分の判断が正しいのかそうでないのか迷ってしまい、誰かに、「**あなたが正しい**」「**よくやったわよ**」「**応援している**」と言ってほしいというのはよくあることです。

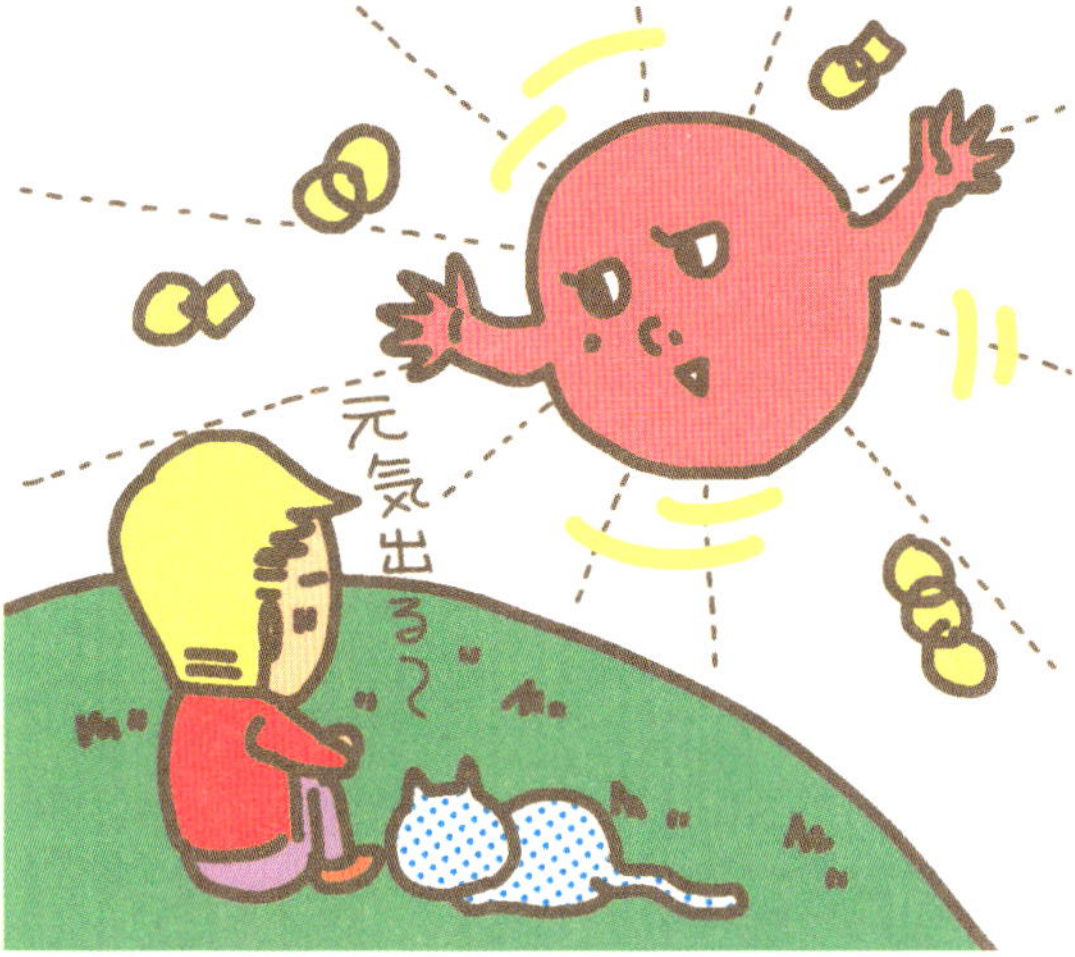

そしてそう言ってくれるのが、あなたひとりなら、あなたへの好意はぐんぐんふくらんでいくでしょう。

励まし上手な人からは、常に元気なエネルギーが出ています。人は、そのエネルギーに心惹かれて、自然と集まってきます。あなたの好きな人も、例外ではないはずです。

大好きな人に対しては、「**大丈夫よ。元気出して**」と、どんなときも元気づけることのできる人になってください。

16

人を幸せにする人は、幸せになる。それが自然の法則です

笑顔、それは1ドルも元手をかけず、100万ドルの価値を生む魔法！

「つくり笑顔」でも効果はある!?

笑顔は、与えられた人を幸せにしますが、笑顔をプレゼントした当人には、その何倍も「いいこと」が起こるという法則があります。

実は、人間は笑顔になると気持ちが落ち着き、元気がわいてくるという気分の変化が起こることが、研究で実証されています。さらには、笑顔になると白血球のみならず、ガン細胞を殺す成分などが活発化し、免疫力がアップします。血行もよくなり、内臓諸器官も順調にはたらいてくれます。しかも心の底から笑わなくてもいいのです。意識的につくったスマイルでも、ゆっくりですが確実に免疫力はあがるのです。笑顔の力は偉大だと思いませんか？

人前での「あがり」から解放される笑顔&魔法のフレーズ

『ニキータ』という有名なフランス映画の中に、こんなシーンがあります。主人公（女性）のニキータが殺し屋の訓練をされているとき、厳しい女性教官から、**「ピンチのときには、にっこり笑って『こんなの、たいしたことじゃないわ』と言いなさい」**と教えられるのです。そしてニキータは、つくり笑顔の力のおかげで極度の緊張から解放され、無事に任務を遂行します。これは、まさに笑顔のパワーをよく表しているでしょう。

「これまで意識して笑顔を絶やさないようにしてきた」という人は、すでに人気者のはずです。周囲に幸せをふりまく姿に、あこがれの人もきっと好意を抱いているでしょう。これからも笑顔でたくさんの人を幸せにしてあげるとよいでしょう。

17 落ちこんでいる人には、正論より共感をあげるのがグッド

正しいことは、時と場合で変わる

彼が〝ご立腹状態〟のとき、まずどうしますか？

彼が仕事で失敗をして、先輩から何時間も厳しくしぼられました。客観的に見れば、彼に非があったのですが、彼は先輩に叱られたことを納得していません。

「先輩が自分にミスを押しつけた」とか、「今回はたまたま運が悪かった」とグチを言って、メソメソ、イライラしています。そのとき彼に、どんな言葉をかけますか？

勝ち気な人なら、「どう考えても、あなたが悪い！」などと彼を批判したくなるかもしれません。**しかし、この場合は、彼の言葉を静かに聞いてあげてほしいのです。**彼は今、落ちこんでヤケになっているだけだからです。自分でも、自分を情けないと思っているでしょう。

そんなときに、さらに責められ、言い訳のしようのない正論を突きつけられたら、彼は間違いなく自信を失い、自尊心はズタズタになってしまいます。

大切なのはタイミング

正論を主張することがいけないわけではありません。ただ、彼を傷つけない配慮がほしいのです。次の日、すっかり落ち着いた彼に、冷静なアドバイスとして自分の意見を伝えるなら問題ありません。**落ちこんでいるところに、さらに落ちこませるような発言は、必要ないと思うのです。**正義は、TPOに応じて表現する必要があるのです。思いやりを忘れてはいけません。自分の主張を通すことのメリットにくらべ、他人を傷つけるデメリットの大きさを考えてから言葉をかけるといいでしょう。

18

最後まで、信じてあげる

本気で励ますとは、こういうこと！

弱音を吐き出させるときの注意点

「あなたなら大丈夫よ、絶対にうまくいくって。心配することないって、ほら、元気出して」

彼がひどく落ちこんでいるとき、こんな励ましの言葉をかけてあげることができますか？

気が立っている彼は、あなたが励ましても、元気づけられるどころか、「僕には、最初から無理だったんだ。何も知らないくせに大丈夫だなんて、無責任なこと言うなよ！」などと反発してくるかもしれません。それでも、励ましつづけてください。決して、「なによ、せっかく元気づけてあげているのに。そんなだから何をやってもダメなのよ！　八つ当たりするなんて最低ね!!　勝手にしたら!?」なんてキレてしまってはいけません！

彼は、自分が八つ当たりしていることのおろかさを自覚したうえで、わがままを言っているのです。**ですから、励ますと決めたら、最後まで励ましてあげてください。**

ここまで受け入れられたら見事!

彼がどんなに意地悪なことを言い、八つ当たりをしてきても、その言葉を真に受ける必要はありません。彼は甘えているのです。こんなときは思いっきり甘えさせてあげることに努めてください。

「悪いことは長くはつづかないわ。次にがんばればいいのよ。今度こそうまくいくから。あなたの好きな料理をつくったから、いっぱい食べて。おいしいものを食べればイヤなことなんて吹き飛ぶわよ。ね、笑って!」と包んであげられたら最高です。

19 花に水をやるように、彼に「自信」をあげましょう

相手の価値を認めていますか？

こんなときは、ほめて、ほめて、ほめまくってあげて！

彼がひどく落ちこんで、「もうダメだ。なぜ、気づかなかったんだろう。今日も上司にこてんぱんにやられた。もう、どうしたらいいかわからない。僕は最低だ」などと、心の中で自分を強く責めているときは、周囲が何を言っても、なかなか心に届かないものです。そんな、固く閉ざした彼の心の扉を開くのは、唯一、こんなほめ言葉しかありません。

「今は、たまたまそういう時期なのよ。あなたに問題があるわけではないと思う。あなたは能力がある人だもの。あなたは価値がある人なのよ、すばらしいわ」

大人になると、ほめられることは少なくなります。それは、何事もできて当たり前と見な

されることが多くなるからです。ですから最初は、彼はあなたの言葉を素直に受け入れないでしょう。それでも、あきらめずに彼のよさを伝え、自信を取り戻させてあげることです。

大人こそ「ほめられる」ことが必要だった！

「何を根拠にそんな無責任なことを言うんだ！　気休めはやめてくれよ！」

「根拠はあるわ。私はあなたといるとすごく楽しくて自分が成長しているのがわかる。あなたの広い視野が私の世界を広げてくれるの。すばらしいパートナーよ。私、人を見る目はあるんだから。あなたは絶対にうまくいく」

自分の価値に気づいた彼は、少しずつ自分を責めるのをやめ、自分に自信を与えてくれた人のことを、間違いなく大切な存在として認めるでしょう。**それほど自信をもつことは、人間にとって大切なことなのです。**

新しい上司とうまくいかなくて…
大丈夫！
つづけていけばイチロー君のよさをわかってもらえるわ！

20 「偉いね」「がんばったね」「大変だったね」は万能カード

疲れた心を癒してあげるために

人間だもの……泣きたくなるときもあります！

サラリーマンは、グチやボヤキが多いと言われます。取引先でしぼられ、会社に戻っては叱られ、部下は言うことを聞きません。もちろん、本来、グチは言わないほうがいいものです。グチを言ったところで何も解決しないうえ、心がネガティブになって余計にマイナスの出来事を引き寄せてしまうからです。しかし、家族のために一生懸命はたらく彼らに、グチを言うなというのは酷《こく》というものです。ぐったりと疲れ果てた彼のことを本当に思いやるなら、「グチはダメよ。幸運が遠ざかるわよ」などと切り捨てることはできないでしょう。

いつになく投げやりになっている彼の話を、**「そうね、大変だったね。がんばったね」**と

丸ごと受けとめて、手ばなしで応援してあげることが求められるのではないでしょうか。

「君しかいない!」と愛される人

毎日でなければ、少し我慢して、そんな彼の弱さを受けとめてあげてください。

「そうね。あなたはがんばっているよ。実を言うと私も苦手な上司がいて……」などと、いっしょに苦労を味わうのもいいでしょう。

共感すると、きずなはぐっと強まります。

「つらかったでしょうね。私だったらあなたみたいにはできないわ。そんな状態でもあきらめなかったあなたはすごい」と彼を立ててあげれば、彼は、「君だけは僕をわかってくれる!」と感激するでしょう。

21

同じ体験をしていなくても、わかりあえます

喜びも、悲しみも、おいしさも！

9割の人間が、日々求めているものとは？

誰でも、自分で何かを決めるときは、不安です。「本当にこれでいいのだろうか。もしかしたら間違っているのではないか？」と、心をゆらゆらとさせて、常に不安な気持ちでいます。

デール・カーネギーは、自著『人を動かす』（山口博訳　創元社）で、**「あなたが明日会う人々の4分の3は『自分と同じ意見の者はいないか』と必死になって探している。この望みを叶えてやるのが、人に好かれる秘訣である」**と述べています。あなたの好きな人も、例外ではありません。**「私もあなたの意見に賛成よ」「あなたの思うようにしたら？　私はあなたの判断は間違っていないと思う」**といった共感の一言が、彼を心底幸せにするのです。

共感するって、どういうこと？

ここに1本のバナナがあるとしましょう。相手が食べておいしいと感じ、自分も食べてみたら、おいしいと感じたというのは、**「同感」**になります。

これに対し、相手がバナナを食べておいしいと感じているとき、自分は食べていないけれど、相手の表情や言葉からそのおいしさを感じて理解してあげるのが**「共感」**です。

自分が体験していなくても理解し、支持することができるのが共感なのです。

たとえば、子どもがいない人でも、子どもがいる人の悩みを聞き、理解しようと努めることで、共感することができます。健康な人でも、病人の苦しみを理解することはできます。他人の意見や考え方に共感していくと、相手を喜ばせることができます。

22

彼の決断を否定することは、彼のすべてを否定すること

大切な人の、重大な決断を尊重できたらすてき

「僕の決意は、僕そのもの！」

彼が、「会社に異動願いを出そうと思う」といった重大な決意を打ち明けてくれたときは、「今の部署に不満があるわけじゃないんでしょ？　やめておいたら？」などと考えを変えさせようとしてはいけません。**「そう。がんばってね。若いうちにいろいろな仕事を経験しておくといいっていうしね」**と、彼の決意を支持してあげることです。

人間には、自分の行動や発言を「自分自身の存在価値」に置き換えて考える面があります。自分の重大な決意を否定されれば、その人は〝自分のすべて〟を否定されたように感じてしまうわけです。ですから、たとえ彼の意見に同意できなかったとしても、ひとまず彼を思

いきり応援することが必要なのです。説得は、折りを見てしていけばいいのです。

自分の意見を抑えるのは大変なことですが、これができれば、彼に最高の喜びを与えることができます。そして、彼の深い愛と信頼を勝ち取ることができるのです。

もし彼が、「会社を辞める」と言い出したら?

本当は心配でしょうがなくても、すぐに反対するのだけはやめましょう。

彼の重大な決断を尊重して、**「そうなの。最近、何か考えごとをしている時間が長いと思ったら、そういうことだったのね。よく考えて決めたんでしょ。がんばってね。私に手伝えることがあったらなんでも言って。喜んで協力するから」**と言えれば合格です。

23

“相手と同じ言葉”を話すと、仲間意識が生まれます

難しい言葉をつかうと、難しい話に聞こえてしまう

「頭のいい人」と思われたい人が、やりがちな話し方

簡単なことを、やたらと難しく話す人がいます。

「いやあ、オレが抱えていた次世代デバイスのプロジェクトがさあ、ボスのプランとコントリビュートできなくてオミットされちゃったんだよね。まいったよ」などと専門用語や英語を交えて早口でまくし立てられれば、聞いているほうは当然、わけがわかりません。

要は、「取りかかっていた仕事を、上司が気にいらなくて取りやめになった」というだけの内容なのですが、理解できずに困っている相手の顔を見て、「う〜ん、ちょっとこの話は専門的すぎたかな」などと言いながら、まだペラペラとその話をつづける人です。

これでは、みんなから煙たがられてもしかたありません！ 人より抜きん出たいとか、バカにされたくないという思いが強いと、こういう話し方になってしまうのでしょう。

難しい話を、わかりやすく説明できる人がすごい！

本当に頭のいい人、また、相手のことを思いやれる人は、こんな話し方はしません。

難しいことも、誰にでもわかる言葉で、簡単に説明することができます。

人に好かれたいなら、会話で相手を負かしたり、自分を偉そうに見せたりする必要はありません。**専門的な話をするときは、相手の目線に立って、できるだけ平易なわかりやすい言葉で話すこと**を心がけるといいでしょう。

24 「教えて」と頼られたら、うれしくありませんか？

知ったかぶりより「教えて！」に、誰もが胸キュン

自分のことを「よく」見せたくてもこれはNG

物知りであることは「いいことだ」と尊敬される傾向があるせいでしょうか。人から自分の仕事などについて何かを尋ねられると、「わかりません」「知りません」と言うのが恥ずかしくて、つい「ええ、名前だけは」「まあ一応」などと適当な返事をしてしまうことがありませんか？　知ったかぶりは、必ずといっていいほど相手にバレてしまいます。**知ったかぶりをするほど、「あの人は見栄っぱりだ」「負けず嫌いだ」と思われてしまいます。**

そんなふうに思われたくない人は、「知らないわ」「教えて」と言うことが恥ずかしいことではないと理解してください。知ったかぶりをしてボロが出たときに、それを取りつくろう

ことほど、みじめなことはありません。

前向きさをアピールすればOK！

素直に「知らないわ。教えてくれる？」と言える人は、相手に何倍も好感をもたれますし、いい情報も得られるものです。

「あのベストセラーは、もう読んだ？」と聞かれて、まだ読んでいないのなら、「ううん、まだよ。私、あまり小説を読まないの。でも、あなたが好きな作家なら興味がある」と、**読んでいない事実と、学ぼうとする前向きな姿勢を見せればいい**だけです。

ありのままの自分を見せたうえで、素直に教えを乞《こ》いましょう。そのほうが、「いいこと」をいっぱい教えてもらえ、お得です。

25

「知らないこと」を責めてはいけません

感じのいい人は、「自分の常識」を押しつけません！

もし、こんなフレーズをつかっていたら、すぐにやめること！

人に言われてカチンとくる言葉の1つに、「**え〜、そんなことも知らないの？**」「**○○さんなら、それくらいは知っていると思ったのに**」というたぐいのものがあります。

自分の常識は世界の常識だと思っている視野が狭い人は、平気でこんな台詞《せりふ》を言って、相手を不快にさせます。「常識」ほど、あいまいでやっかいなものはありません。

「それって常識でしょ！」などと言って自分の意見をごり押しする人は、間違いなく嫌われます。その人の言っていることが、正しいかどうかは関係ありません。相手に、自分の常識を押しつける無神経さが、人を傷つけるのです。気の弱い人が、そんな言い方をされたら、「私は、常識を知らないダメな人間なのかも」と落ちこんでしまうかもしれません。

相手の様子を見ながら話そう

世の中には、常識論をふりかざすのが得意な人がいます。彼らは一見、頭がよさそうですが、実は、頭がよいふりをしているだけの、わがまま人間です。自分の言葉が相手に不快感を与えていることに気づかない、鈍感な人なのです。**周囲は、彼らに「こんなこと言ったら、また常識がないってバカにされそう」とストレスを感じ、だんだん近づかなくなっていくでしょう。**

すぐに「常識」をもち出す人に、悪気があるとはかぎりませんが、決定的に思いやりに欠けているのは間違いありません。

26

目のつけどころが違う人は、印象に残ります

結果より「過程」を評価する人が好かれる

「おめでとう。すごいね！」よりも、相手を感激させるほめ方

大きな仕事を成功させた人や、難しい試験に合格した人、すばらしいことをなしとげた人をほめるなら、**その人が成功を手に入れるために苦労した過程をほめること**です。

たとえば、ある男性が学生時代からずっとつづけていたスポーツの大会で優勝したなら、「おめでとう。よかったね」のあとに、**「仕事をしながら厳しい練習をつづけるのは、大変な苦労だったでしょうね。それなのに人一倍仕事もがんばってきたのは、本当にすごい！」**とつけくわえることです。こう言われれば、長年の苦労を見ていてもらえたという事実に、相手は感激するでしょう。仕事で好成績をおさめた相手に対しても同じです。「年間１００件

の契約を取られたそうですね。それは週に2件の契約、つまり2～3日に1件ですね。毎日、仕事仕事で気が休まることがなかったのでは？　**その緊張感を保って仕事に打ちこむ精神力はすごいです。あなたを目指して私もがんばります**」と過程をほめるのです。

つづけてきた、過去の重みを評価して！

成功者とは、人一倍努力しているものです。しかし、「オレはこんなにがんばったから成功したんだ。運がいいだけじゃないんだ！」などと自分から言うわけにはいきません。しかもやっかまれて、「お前はコネがあるからな。オレにも少し、お前のコネを分けてくれよ」などと、まるで本人の努力を認めない意地悪を言われることもあります。だからこそ〝がんばりの過程を評価する発言〟は、強いインパクトを与えるのです。

「**おめでとうございます。すごく努力されてきたんですね**」の一声で、誰よりも親しくなれるでしょう。

27

愛されたければ、愛すること。そういうことなのです

友人が大勢いる人と、そうでない人とは何が違う？

自分から先に愛していますか？

心理学には「**好意の返報性**」**という法則**があります。つまり「**人は自分に好意をもってくれた相手を好きになりやすい**」のです。

AさんとBさんがそれぞれ100人の人と出会ったとしましょう。Aさんが100人中、ほぼ全員のことを好きになることができたなら、ほぼ全員と友だちになれるでしょう。

一方、Bさんが1人か2人しか好きになれなければ、友だちになれるのは、ほんの1人か2人にかぎられてしまいます。**友人の多さは、出会いの数にもよりますが、その人が何人の人を好きになることができたかも影響するのです。**

LESSON 3

ただの知りあいから“特別な存在”に変わることを約束します！

- 特別扱いされると、かなりときめく！
- 「あなただから」を強調する
- 話が突然、途切れたら……

また会いたい！
と思われる人の
法則

どうやったら彼とうまくいくかな〜?
私の場合は……
その① 出会ったばかりのころ
彼の名前をたくさん呼ぶ
おはようイチロー君!
あのさイチロー君!
その② 交際前
「あなただけ」を強調する
イチロー君だけ!
プレゼントがあるの……
その③ 交際初期
彼の出番をつくる
PCでわからないところ教えて〜
いいよ!
??
その④ 交際中
ケンカは先に謝る
さっきは怒ってごめんね
ぺこり
まあオレも
悪かったかな

その⑤結婚前 真剣な話は真剣に返す！
大事な話があるんだ…
何…？
とまあこんな感じかな！
めでたくゴールイン！
なるほど…!!
ゆかりにもできるよ！
要は話し方とふるまい
うん！がんばってみる！
あっさっそく彼から電話
Prrrr
もしもし♥
えっ!? ドタキャン!?
ふざけるなー!!
まだまだ努力が必要ね…
話し方次第であなたの幸せをつかめる！

28

名前を呼んだぶんだけ、親しくなれます

苗字より、名前やニックネームで！

「何にする？」より、「○○さんは何にする？」で心の距離が近づく！

名前を呼ぶことに関しての、おもしろい実験があります。

男性が女性をデートにさそうときに、どのようにすれば成功率が高まるかという実験です。

結果は、実に単純なものでした。**相手の名前を呼んだときは成功率が高く、相手の名前を呼ばなかったときは、成功率が低かったのです。**なぜでしょう？

人間は、誰かに名指しされてはじめて、「個人」としての自分を認識します。

「君はどこに住んでいるの？」「連絡先を教えて！」

これでは、その認識は生まれません。相手は、「私を名前で呼ばない相手は、私のことを

個人としてではなく、大勢の中のひとりとして扱っている」と感じてしまうからです。

相手と親しくなりたいと思うなら、こう言い換えるのが正解です。


「○○さんはどこに住んでいるの？」

「○○さんの連絡先を教えて！」

その他大勢から、特別な人へ！

名前を呼ばれると、「その他大勢の中の私」対「相手」という意識が、「私」対「相手」というように変わるのです。

人間は、自分をひとりの個人として扱われると、相手に対する責任感が生じ、依頼を断りにくくなります。そのため、連絡先などを教えてしまいやすくなるのです。

別れ際も名前を口にするとさらに親しくなれ、あなたの印象がぐっとよくなります。

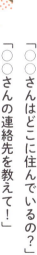

29

気になる相手は、その他大勢と同じように扱わないこと

「あなただけ！」を強調しよう

特別扱いされると、かなりときめく！

相手が自分にとって特別な存在であることを伝えたいとき、**「あなたにだけ」「あなたにしか」**というフレーズをつかうことをおすすめします。

あなたと彼がまだ恋人どうしではないのなら、自分の気持ちをさりげなく伝えることができますし、恋人どうしの場合なら、自分の愛をアピールすることになります。たとえば、気になる同僚に仕事の手伝いを頼みたいときは、こんなふうに言うといいでしょう。

「ねえ、悪いけど、今からこの仕事を手伝ってくれないかしら。今日中にしあげないといけないの。今度、あなたの残業を手伝うからお願い！　**あなたにしか頼めないの！**」

ポイントは、最後の「あなたにしか頼めないの」という点です。

この一言で、相手は「ドキッ」とします。そして、「僕を頼っているんだな。だとしたら、僕がなんとかしてあげなきゃ！」という気持ちがめばえるのです。これで仕事を手伝ってもらえたなら、お礼を口実に食事にさそい出すこともできます。

こんなに、うれしい効果も満載！

気になる人にお願いごとをするのは、ふたりで会う時間をもうけるチャンスにもなります。また、ふたりだけの秘密をもつのも、彼とのきずなを結ぶきっかけとなります。

共同意識がめばえると、なんとなく**相手が特別な人であるような錯覚が生じる**という心理も応用できます。

30 「好き」と言わずに、その想いを伝えるコツ

もう一歩、関係を進めたいときにぴったりの言葉！

※こういうのはいけません。

こんな言い方も、彼をドキッとさせるのに効果的！

「あなただからさそったの」という一言は、相手にあなたとの関係を意識させます。

「なかなか手に入らないライブのチケットが手に入ったの。よかったら、いっしょに行かない？　一度、あなたといっしょにどこかに行ってみたかったの！　**あなただからさそったのよ！**」という具合につかうのです。ちょっと大胆ですが、もし彼もあなたに好意があるなら、この一言が彼に自信をもたせ、関係をいっきに押し進める可能性があります。いっしょに出かけた日の帰り道、愛を告白されるかもしれません。

これをたんに、「ねえ、コンサートのチケットがあまっているから行かない？」などと言っ

ていたなら、「僕が暇そうだから、さそったのだろう」と思われてしまうかもしれません。

「あなただから」を強調する

つきあいの長いカップルでも、彼を特別扱いすることは、とても大切です。

「さすが○○さんね。私のことをわかってくれるのはあなただけよ」とか、**「あなただけは特別なの。あなただから、こんな相談ができるのよ」**と言えば彼の自尊心は満たされ、鼻高々になるでしょう。あなたが彼を愛していることも伝わります。

「好き」とか「愛している」と直接伝えるのは難しいことです。しかし、その気持ちをまったく伝えなければ、彼も不安になるかもしれません。それを防ぐためにも、このフレーズはおすすめなのです。

31 自分から、心を開くのがコツ

気になる彼のことをもっと知りたいときに！

自分がオープンになれば、相手もオープンになるからおもしろい！

気になる彼がいるけれど、まだ立ち入ったことを聞ける間柄でないとか、彼があまり自分のことを話さないタイプなら、**こちらから自分のプライベートな話を彼にしてみるといい**でしょう。彼は、あなたの意外な一面を見せられ、あなたを意識するようになります。さらには、こちらの心を開いている様子に刺激され、彼も心を開き始めることがあります。

これを自己開示の返報性の法則といいます。雑談内容は、次のような程度でいいのです。

「昨日の夜、近所のイタリアンレストランで生しらすと青じそのパスタを食べたら、絶品だったんです！　私はパスタに目がないのでとっても幸せでした！」

彼の話に「自分の話をからめる」上級ワザも！

彼のした話に関連する、自分の具体的な体験を話すのも、特別な存在になる近道です。

たとえば、彼が自分の体験談を話してくれたなら、**「そうだったの、それは大変だったわね」という感想につづけて、「私も同じ経験があるわ！」と、自分の体験談をうまくからめましょう。**

彼の話に関連した話をするのは、彼の話を熱心に聞いていることのアピールにほかなりません。きっと「この人は、僕の話をこんなに興味をもって聞いてくれるんだ！」と、感激されるでしょう。

さらに、こんな一言をくわえれば完璧です。

「ほかの人には言わないでね。あなたにだから話せるのよ。恥ずかしいな」

この一言で、ふたりの間には、秘密を共有するワクワク感がわいてきて、お互いを特別な存在だと意識するようになるのです。

オレ、サッカーの田中選手が好きでー
私も！一度ナマで試合を観たい！
いっしょに行く!?

32

「受け取ること」を許しましょう

心の中の遠慮するクセを捨てよう！

「いいです、いいです」と、いつも遠慮していませんか？

夏の暑い日、汗だくになって友人宅に遊びに行ったとき、「のどが渇いたでしょ、何か飲む？」と聞かれても、「いいです、いいです」と遠慮して、断ってしまう人がいます。本当にのどが渇いていても、「ください」の一言が、なぜか言えないのです。

こんな遠慮をしてしまう人の心には、自分の本当にほしいものや愛する人を「いらない」と我慢し、禁止するという抑圧的なパターンがつくられています。子どものころに、我慢することがいいことだと教えられ、その考えを大人になってからも引きずっているのです。

ほしいものや、愛する人を遠慮して拒否してしまうのは、そのパターンが表れたものです。

「いらない」と拒否するうちに、大切なものを遠ざけてしまう

遠慮するクセがあると、人生でいろいろな経験を重ねるうちに、心の中に、どんどん禁止マークが増えていってしまいます。

たとえば、失恋したなら、「自分には、幸せになる資格はないのだ」と思いこみ、幸せになることを禁止します。

助けてもらいたいときに助けてもらえなかったなら、「誰かに助けてもらう」ことを禁止します。他人を拒否することがクセになり、なんでもかんでも禁止するようになってしまうのです。

心が禁止モードになっていれば、幸運を受けとめることはできません。いつも、「いいです。いりません」という気持ちでいては、幸せも遠のいてしまうのです。

33 「受け取り上手」な人は誰からも愛されます

その素直なうれしさを隠さないで！

遠慮には、相手との距離を広げるというデメリットがあります

図々しいと思われたくないあまりに、遠慮しすぎると逆に失礼になることがあります。

なぜなら、遠慮することは、相手に「私はあなたの世話になるほど親しい関係ではない」と言っているのと同じだからです。気持ちのいいつきあいをするには、遠慮はほどほどに。

遠慮するクセをなくすには、たとえば、コーヒーをごちそうしてくれるという人に対して、「いいです、いいです」ではなく、**「ありがとうございます」と応じること**から始めましょう。

心の中でコーヒーを飲みたいと思っていたなら、**「うれしいな。今、コーヒーが飲みたいと思っていたんですよ」**と素直に伝えることが大切です。

最終的には、「好きなものは好き」と言える自分になってほしい

「私は、この仕事をしたい」「こんな人生を送りたい」「この人と幸せになりたい」

ほしいものをほしいと素直に言うことは、幸せになるためにとても大切です。ストレートな表現は、相手の心に響きます。

気になる彼から「もうすぐ君の誕生日だ、何がほしい？」と聞かれたときに、「ありがとう、でも気持ちだけで十分よ」と遠慮してしまってはいけません。彼はせっかくの好意を拒絶されたと感じてしまいます。

「そうね、私ほしいものがあるの。今度、いっしょに選んでくれる？」と好意を受け取ってあげれば、相手もプレゼントのしがいがあるというものです。幸運も次々と自分のもとに飛びこんでくるでしょう。

34 できるカウンセラーは、ここが違う！

なぜか、いっしょにいると癒される人の共通点

あの彼女たちの本当の魅力はここにあります！

人間は、話すことが好きな動物です。しかも、自慢話や会社のグチ、悩みごとは、とくに話したがるものです。**ところが逆に、それらを聞かされるのには、耐えられません。**

「3分聞いたらイヤになり、5分聞いたら金をくれ」と、漫談のネタになるほど、興味のないことをえんえんと聞かされるのはしんどいことなのです。

水商売の人たちは、他人のつまらない話を聞いてあげることで、商売を成り立たせていると言っても過言ではありません。ビール数杯と簡単なおつまみだけで、高いお金を取られる。それでも男性がウキウキと出かけていくのは、ホステスさんたちが、何を言っても否定せ

ずに、**「あら、そうなの？　それで、それで？」**と、にこやかに話を聞いてくれるからです。

だから、話をしたくてしょうがないけど聞いてくれる人がいない男性たちが集まってくるのです。彼らは会社のグチや悩みのほか、奥さんに話せばバカにされそうな自慢話を彼女たちに聞いてもらうことで、ストレス解消をしています。まるでカウンセリングですね。

彼の話を黙って聞こう

もしも自分が好きな人とゆっくりと話す機会ができたなら、何よりもまず、彼の話を最後まで、じっくりと聞いてあげることに励んでください。**つまり、あなたが彼だけのカウンセラーになるのです。**

彼は、どんなにバカな話でも微笑みながら聞いてくれるあなたから、離れられなくなるでしょう。

35 沈黙が流れたら、思い出してください

沈黙を味方につけるヒント

話が突然、途切れたら……

好きな人とせっかく話す機会ができたのに、緊張してなかなか話題が見つからない……。

「仕事の調子はどうですか？」「うん。ぼちぼちです」「ああ、そうですか……」

ようやく話題を見つけても、全然話がつづかなくて、うまく話せない自分を責めた経験は誰でも一度はあるでしょう。しかし、そんなときは、あせって意味もなく「すみません」とあやまったり、「あ、じゃあこのへんで」などと、話を終えたりする必要はありません。

ふたりの間に沈黙が流れたら、「今、私の好きな気持ちが相手に届いているんだ」と思うようにしましょう。そして静かに微笑みをたたえ、静けさを味わってみてください。

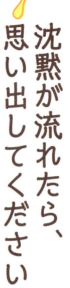

沈黙が流れている間、何が起っている？

どんなに鈍感な人でも、相手の落ち着かない様子と口ぶりを見れば、相手が緊張していることに気づくはずです。そしてその事実は、相手が自分のことを好きだと、物語っていると理解するでしょう。

ですから、沈黙を恐れないでください。**沈黙は、彼があなたを友だち以上の存在として意識するきっかけになるかもしれません。**

相手が気になる人ではなく、たんにビジネスの取引先だというなら、あまり頻繁《ひんぱん》に沈黙が訪れるのはよくありません。そんなときは、相手のファッションをほめるなど、当たりさわりのない話題で盛りあげることに意味はあるといえます。

しかし恋するあなたにとっては、彼をドキッとさせる沈黙は時として味方になるのです。

36

沈黙に、キューピッドになってもらう

静寂に耳をすますと進展することがあります

自分でキューピッドを呼んでみる！

沈黙は、つきあい始めたばかりのカップルの距離を縮めるにも、重要な役割をもちます。

ふたりきりで話しているとき、ある程度会話を楽しんだあとで、あえてフッと黙りこむ瞬間をつくってみましょう。とくに、彼が冗談を言い、あなたが彼の腕を笑いながら叩いたあとなど、スキンシップのあった直後に黙りこむのが効果的です。

そうすることで、いっきにムードが高まり、ふたりが互いの存在を急速に意識し始めるでしょう。沈黙を恐れることがなくなれば、時間を埋めるためだけに、おもしろくもない、とりとめのない話をつづけてしまう失敗もなくなります。

「沈黙があってもいい」という気持ちをもつと、すべてが楽になる

沈黙が流れることで、自分のドキドキが伝わってしまうことがイヤだ、という人もいるかもしれません。

しかし、あなたの恋する気持ちが本気ならば、いずれは相手に伝わることになるのです。

「好き」とか、「尊敬している」と思われて、イヤな気持ちがする人はいません。

自分の気持ちが少しもれたくらいで、相手に迷惑をかけることはないのです。

沈黙を利用して、会話に意味をもたせるテクニックを、つかってみてください。

37

「ノー」と答えるか「イエス」と答えるかで、未来は変わります

突然のおさそい。行く？　行かない？

いろいろな可能性を広げていきましょう！

とくに意識していなかった相手からデートにさそわれたとき、即座に「ノー」と返していませんか？　相手の魅力がまだよくわからないうちにシャットアウトしてしまうのは、チャンスをドブに捨てているのと同じです。苦手な相手だとか、既婚者ではないかぎり、「よく知らないから」というだけで縁を切ってしまうのはやめたほうがいいでしょう。

「今度、お茶をしませんか？」という誠実な人からのはじめてのさそいに、なんと答えるか迷ったなら、「イエス」を選んでください。「イエス」と言ったあとで「ノー」と言うことはできますが、「ノー」と言ったあとに「イエス」と言い直すことは簡単ではないのですから。

心理学コラム

ひとめぼれのしくみ

なぜ、一瞬で恋に落ちるのか？

ひとめぼれとは、実に不思議な現象です。相手のことを何も知らないのに、ひとめ会ったその日から、夢中になってしまうのですから。

しかし人は、なんの理由もなく誰かを好きになるということはありません。

そこにはちゃんと理屈があるのです。

人は、その人といっしょにいたときに感じた自分の感情が、その人のイメージとなります。

つまり、話が上手なA君といっしょにいたときに楽しい気持ちになり、A君そのものにプラス感情がめばえて、好きになるといった具合です。逆に、B君といたときにケンカをし、イヤな気持ちになったときは、そのマイナスの感情がB君のイメージと重なり、B君自体を嫌

いになります。その人といっしょにいても、感情になんの変化も起こらないような場合は、その人には特別な感情を抱くことはありません。

このしくみと同じで、ひとめぼれも、出会った場面でうれしいとか悲しいとか強い感情があるような場合に生まれやすくなります。**ひとめぼれの原因で、いちばん多いのは、「自分が好きな（好きだった）誰かに似ている」ということです。**

その人が自分の好きなタレントに似ている、昔あこがれていた異性に似ているなどというのが定番です。おもしろいことに、似ている対象は自分の家族だったり、同性の知人だったりすることもあります。似ている対象は、異性にかぎらないのです。興味深い話です。

しかし、ひとめぼれの理由が自分の好きな誰かに似ているからという事実は、恋の渦中《かちゅう》にある本人は、めったに気づくことはありません。人間の記憶というのは不思議なもので、覚えていることがすべて意識されるわけではないからです。

記憶の底に残っている好きな人に似ている人が現れると、古い感情がよみがえります。そして、その人に好きという気持ちが転移してひとめぼれにつながるのですが、その事実は本人には自覚されないのです。そのため、ひとめぼれは電撃的とか、運命的という表現をされることが多いのです。

LESSON 4

“つまらないトラブル”を避けるために知っておきたいルール

- 違う意見を言うときのコツ
- いちばん話題にしてはいけないのは？
- 「ごめんね」「すみません」の乱用にご注意

会話のキャッチボールができていますか？

38

親しい人にこそ、言葉の気づかいを

相手のペースを察してあわせる

おしゃべり好きなあなたへのアドバイス

自分が話したいタイミングで、相手も話をしたいとはかぎりません。

「ねえねえ、聞いて！」と話しかける前に、相手は今、自分の話を聞ける状態にあるのかを確認するようにしましょう。たとえ悪意がなくとも、無神経に話しかけて相手のペースをくずしてしまえば、相手に鈍感で気くばりのできない人という印象を与えてしまいます。

おしゃべりな人は、誰にいつ話しかけられても苦にならないようです。でも周囲の人すべてが、そうではないことに気づいてください。**相手が書類に目を通しているときや、考えごとをしているようなときは、声をかける前に、迷うくらいの気持ちが必要です。**

歩み寄れば、タイプの違うふたりでも、うまくいく

取りこみ中に話しかけるときは、**「今ちょっといいかしら？」**という断りを入れましょう。

そんなに気をつかうなんておかしいと思うかもしれませんが、「親しき仲にも礼儀あり」の気持ちで接したほうがいいのです。

ほとんどの人は、話しかけられれば自然と応じてくれるでしょう。しかし、集中しているときに、突然割り込まれることを、極端に嫌う人もいるのは事実です。もし相手がそんなタイプなら、あなたは自分自身のおしゃべりをかなり我慢することになり、大きなストレスを感じるでしょう。

ふたりのペースが違いすぎる場合は、どちらかが歩み寄る努力をしないと、ふたりして違和感をもちつづけることになります。

39

「イエス」と同じくらい「ノー」も大切

自分を大切にしていると、人からも大切にされる

気負わず「ノー」と言える感覚をまとおう！

断るのが苦手で、頼まれるとついつい「いいよ」と安請け合いしてしまう人、「断ったら相手に失礼かしら」と思って無理をしてしまう優しい人……。日本人は、外国人にくらべ「ノー」と言えない国民だそうです。なぜ、言えないのでしょうか⁉　それは、断ることで人間関係に「角が立つ」ことを恐れているからです。嫌われないかと不安になるからです。

しかし、やりたくないことをイヤイヤやっていたら、ストレスがたまるだけです。**相手が誰であろうと、自分がそれを引き受けて苦しくなることには、「ノー」と言うべきなのです。**

まわりの人の命令に従順にしたがっていても、「いい人」として認められるわけではありません。イヤイヤやっていることが相手に伝われば、相手もいい気はしません。
周囲からも、「あの人はいつも人の言いなりだ」とか、「イヤなら断ればいいのに、気の弱い人だ、自己主張のない人だ」などと軽蔑されるかもしれないのです。

結婚したら
奥さんには
仕事もしっかり
つづけてもらって
朝ごはんもお弁当も
晩ごはんも
つくってほしい
それから
掃除も
洗濯も
おしゃれして
いつもキレイで
いてね
それは私にはできないわ♥

主張できる人こそ、魅力的

彼に対しても同じです。イヤなことを強要されたら、**「それは私にはできない」**と素直に自分の気持ちを伝えればいいのです。

どうしてもイヤな場合は、我慢してはいけません。

もちろん、「なんと言えば相手を傷つけなくてすむか」「関係を悪くしないようにウソも方便で理由をそえよう」などという気づかいは必要です。基本的には「ノー」の意思をやんわりとした口調で伝えればいいのです。

40

相手の言葉を否定せずに、自分の意見を言う

賢い女は、相手を立てる！

主張はしても、否定はしないのがポイント

見かけはおとなしそうなのに、話しているうちにその人自身のしっかりした意見が出てくると、思わず「この人は自分をもっているな」と見直しませんか？ **人と話をしていて「この意見には賛成できない」と思ったときは、遠慮しないで自分の意見を言うことです。**

ただ、このとき大切になってくるのは言い方です。どんなに優しい言葉でも、冷たい表情に皮肉っぽい口調で言えば相手に不快な印象を与えます。同じように、反対の意見を述べるときも、相手の機嫌をそこねないような言い方をすれば、気まずくなるとかその後の関係に支障をきたすことはないのです。**相手の意見を尊重することと、自分の意見を抑えこむこと**

は別の話です。相手の言葉を否定しないで自分の意見を伝える方法はいくらでもあります。

違う意見を言うときのコツ

「あなたの言うことは一理あると思う。でもね、私はそれについて、こんな意見をもっているんだけど、どう思う？」というように、自分が正しいと決めつけない言い方なら、相手に不愉快な思いをさせません。

また、多数で話しているときは、「それは違う」「そうじゃないわ」と周囲の人の考えを否定せずに、**「こんな考えもあるんじゃないかしら」**と言えば、恨みを買うこともありません。相手の意見にも耳を傾けたうえで、自分の意見を率直に話すようにすれば、人格はぐっとアップします。

41

耳に痛いことほど、大切なことだったりします

指摘を素直に受けとめられるかが分かれ道！

指摘してもらえるうちが花！

誰でも「自分はこういう人間だ」という〝自分に対するイメージ〟をもっています。

「僕は強そうに見えるけれど、本当はシャイで気の弱い人間なんだ」とか、「私って見かけは派手だけど、性格は地味なほう。だから、堅実な奥さんになると思うな」などと、それぞれが思い思いの自分像をもっているものです。

しかも、誰もが「自分のことは、自分がいちばんよくわかっている」と思っているのが常です。**ですから、他人から、自分が思っているのとは違う自分や、意外な自分を指摘されると、ほとんどの人は、驚いて反射的に「そんなことないよ!!」と反発してしまいます。**

ときには「この人、私のことをこんなふうに思っていたのね。本当の私はそんなんじゃないのに！」などとなって、小さな一言が、ケンカに発展することもあります。

しかし、よく考えると、他人が理解している自分と、自分が思っている自分のどちらが本当の自分かなんて、誰にも決められるものではありません。「他人の目に映った姿が本当の自分の姿だ」と言う人もいるようですが、それも正しいかどうかは、わかりません。

少なくともこれだけは言えます！

他人の指摘を素直に受けとめ、自分自身を省みることができる人のほうが、そうでない人よりも好感をもたれることは間違いありません。そこは**成長のチャンスと思いましょう。**

42 負ける勇気が、あなたにはあります

ケンカは、負けるが勝ち！

好きな人とケンカが始まってしまったときは!?

「負けるが勝ち」ということわざは、争わないで相手に勝ちを譲るほうが、結果的に自分にとって有利になるといった場合につかわれます。口で言うのは簡単ですが、このことわざを実行するのはなかなか難しいのです。なぜかというと、人間の心には自尊心があるからです。「自分を認めてほしい」という欲求があるからです。**小さな口ゲンカに負けただけなのに、悔しくていつまでも気持ちの整理がつかないのは、小さな口ゲンカで負けたことを、「人間として負けた」かのように大げさにとらえてしまうため。**自尊心が強すぎると、「負けを認める」ことを必要以上に重くとらえ、大きなストレスを感じてしまうのです。

相手に花をもたせて終わろう！

恋人とのケンカでは、この自尊心が邪魔になります。ムキになると、ケンカの内容や原因などどうでもよくなってしまい、ただ勝つためだけに、なじりあってしまうのです。負けたくないばかりにひどいことを言ってしまい、ふたりの仲が気まずくなってしまったとなげく人は、山ほどいます。

彼を大切に思うなら、ケンカになったら自分から先にあやまると、あらかじめ決めておくのも手です。彼を失ってから後悔しても遅いのです。「負けるが勝ち」ということは、決して自分が負け犬だとか、妥協するということではありません。**真に勝つためには、知恵と勇気が必要なのです。**

43

〝ムダなケンカはしない〟と決める

賢く、その場をおさめよう

相手と同じレベルに、なり下がらないこと！

世の中にはメンツにこだわってヘリクツばかり並べ立て、人間関係で墓穴を掘ってしまう人が多くいます。くだらないメンツをプライドと勘違いして引くに引けなくなって、自分で自分を追いこんでしまう人たちです。

でも、名を捨てて実を取ることができれば、相手は自尊心を満足させることができますし、こちらとしても大切な人間関係を失うリスクが回避できます。まさに一挙両得です。

ケンカが始まりそうになったら、いったん冷静になって場をおさめ、冷静になったあとで話しあうほうがずっと建設的です。**怒りにまかせて主張したら絶対に理解しあえません。**

「ごめんなさい」の一言が言えると、人間関係は大きく変わる

彼の機嫌が悪く、こんな理不尽な八つ当たりをしてきたとします。

「今日のコーヒーはおいしくないな。疲れているんだから、コーヒーくらい上手に入れてくれよな！　まったく」

「ごめんなさい。今すぐ入れ直すね」

「テレビのリモコンを取ってくれよ。なんで僕が置いた場所にないんだ。つかったらもとの場所に戻しておいてくれなくちゃ困るだろう。君はいつもこうなんだから」

「はい。これから気をつけます。リモコンはここにありますよ。どうぞ」

こんなふうに場をおさめる知恵と度量をもった人は、ムダなエネルギーをつかうこともないし、どんな幸運も逃さないのです。

44

「ふれられたくないこと」が誰にでもあって当然

彼のテリトリーには口を出さない

彼のスマートフォンが放置されていたら、見る？　見ない!?

たとえ恋人どうしであっても、お互いにふれられたくない部分について、ふれてはいけません。それは、干渉しすぎないこと、と言い換えられるかもしれません。

干渉しないということは、無関心でいるということではありません。

相手のすべてを知りたいと思うのは、恋する人の自然な感情です。しかし、相手の知らないところで、こっそり詮索《せんさく》したり追求したりするのはご法度です。ましてスマートフォンや手帳を勝手にのぞくなんて、絶対にしてはいけない行為です。

相手のすべてを知る権利は、誰にもないのです。長年つきあってきた親友や家族でさえ、

知らないことがあるのは当然ですし、すべてを理解しようというのも無理な話です。

彼がこんなそぶりをしたときは、問いつめないのが正解!

たとえば、何かのきっかけで子ども時代の話をしたとき、彼が、すぐさま話題を変えたり、お茶をにごしたりしたとしましょう。なぜ話さないのか、何かあったのかと気になるでしょうが、「何かあったの?」と尋ねるのはひかえましょう。

彼の心の扉をこじ開けようとせず、そっとしておく思いやりをもってください。「親しき仲にも礼儀あり」ということわざは、恋人どうしや家族にも当てはまります。

45

幸運は「頼まれごと」の形でやってくることもある

めんどうくさがらずに「イエス」と言おう！

こんなときは、「ノー」と言うのはちょっと待った！

自分を大切にするためには、断ることも選択肢の中に入れることが必要ですが、人から何かを頼まれたときに、たんに気分がのらないから、めんどうくさいから、難しそうだからといって、やたらと「ノー」と言っていると、出会いやチャンスを逃すことになりかねません。

まず、本当に自分にはできないことなのかと考えてみる必要があります。頼んできた人は、あなたを見こんで指名してきたのかもしれません。無理を言って悪いと、負い目を感じながら頼んでいる人もいるかもしれません。**ですから、できるかぎり「はい。やってみます」と言う勇気をもつことが大切です。**

自信がなければ、「正直言って、自信がありません。困ったときにはアドバイスをお願いできますか」と助けを求めればいいのです。

体調が悪いとか、スケジュールが厳しい、経済的に難しいという場合は無理は不要ですが、大切な人からの頼みなら、ふだんのお礼の気持ちもこめて、引き受けてみてください。

なぜかチャンスをつかめる人

「自分に訪れる出来事は、すべて必然」という考え方があります。この言葉を信じるならば、人からお願いされたことには、すべて意味があります。

自分が困っているときに協力してくれた人に対して、人は必ず好感をもちます。

自分の将来につながる大きなターニングポイントになる可能性もあるのです。

46

あなたの一言が、人を救います

こんなときの説明は、省かないこと

吐られることも、明日へのチャンス!

約束を守れなかったときや、仕事のやり方を注意されたとき、つい、言い訳や自己弁護をしてしまっていませんか? 明らかに自分がミスをした場合はもちろん、そうでなくとも、「でも」「だって」と言う前に、**素直にあやまって、すぐに相手を納得させるような行動をし、同じ失敗をくりかえさないよう対策を講じましょう。** **吐られたとき、弁解する代わりに何かを改善する人は、大きな信用と思いがけないチャンスに恵まれることがあります。**

ただし、1つだけ注意してほしいことがあります。言い訳はすぐにやめるべきですが、**他人を守るための事情説明は、決して省いてはいけません。**頭の固い人は「言い訳はしない」

と決めると、必要な説明まで避けて黙ってしまうことがあります。しかし、それは問題です。

「その件に関して、彼女のやり方は間違っていなかったと思います。今回のプロジェクトが成功しなかったのは、先方の担当者が変更になり、方針そのものが変わってしまったからです。彼女はずいぶんねばったのですが、相手側は、ガンとして受け入れなかったんです」

こうした事実を伝える言葉が、人の窮地を救うこともあるからです。

人を守るための言葉は尽くして

自分を守るための言い訳と、人を守るための説明とは同じものではありません。

まじめな性格の人ほど、失敗の説明を苦手とする傾向がありますが、話すべきことは話すという姿勢を心がけるようにしてください。

他人を守る姿勢は、必ず周囲から評価され、信頼と好感を集めます。最終的に人がついていくのは、そういう人です。

47

「その場にいない人の批判」「政治」「宗教」「思想」の話はNG

会話のテーマはこの４つに注意！

いちばん話題にしてはいけないのは？

自分と話し相手に共通の知人がいる場合、その場にいないその知人の話題を出すことがありますが、その際、批判してしまうと、性格がよくない人という印象を相手に与えます。**聞いているほうは、「きっとこの人は、私のこともみんなに悪く言うのだろう」と不信感を抱きます。**また、政治と宗教と思想の話題はご法度です。この問題は、お互いに違う考えの持ち主だった場合、どんなにわかりあおうとしても、ケンカになることが多いからです。

流れでそんな話題になったら**「そう言えば、この間のあの話を聞きたいわ」**などとさりげなく軌道修正するほうがいいでしょう。

48 タチの悪いグチは、真剣に聞かずにのり切る

種類によっては、つきあわなくていいものもある！

ブル
?
※こういうのはいけません。

さわらぬ悪口にたたりなし！

「まともな仕事もできないくせに。あんな無能な上司に指図されたくないよ！」

「あのブス、鏡を見たことがあるのかな」

何かとグチの多い人というのは、どこにでもいるものですが、こんなふうに他者の人間性や外見をけなす心ない言葉が出てきたら、さすがにアウトです。それはグチではなく、ただの悪口ですから、気にせず聞き流しましょう。反論したり注意したりすれば、興奮している相手の神経をさかなでするだけですから、**「さあ」「そうなの？」**とやりすごせばいいのです。

そしてその場を離れることです。マイナスの言葉の嵐に飲みこまれないようにしましょう。

49

やたらとあやまるのは、やめましょう

言葉には、意外な心理効果があるのです

「ごめんね」「すみません」の乱用にご注意

悪いことをしたわけでもないのに、やたらと「ごめんね」「すみません」「申し訳ありません」と、あやまってばかりいる人がいます。

いうまでもなく、あやまるとは、自分の間違いを認めて相手に謝罪することです。本当は何も間違っていないし、謝罪する必要もないのに、なんとなく気をつかって「ごめんね」とか「すみません」と言ってばかりいると、いつの間にか、自分自身も気づかないうちにストレスをためこむことになります。

あやまってばかりいる自分は、決して理想とする姿ではないでしょうから、自己嫌悪の気

持ちがわいてきます。**つまり、必要のない場面であやまってばかりいると、心の状態がネガティブになってしまうのです。**

そして、相手を気づかうときは、やはり「**ありがとう**」と言うことが心を健やかに保ちます。

こんな悪を引き寄せる側面も！

腰が低くて悪くないのにあやまってしまうような人は、意地悪な人の目には、いじめやすく見え、ストレスの吐け口にされてしまう理不尽なこともあるのが現実です。

隙《すき》を与えてはいけません。

言うべきことを言わず、必要以上に低姿勢でいることは、思わぬ不幸を呼びこむのです。

50
「怒りの連鎖」を断ち切るコツ

怒りをおさめることは、これで誰でもできる！

ムカムカが心にうずまいてきた瞬間、どうする？

怒りがわいてきたら、すぐさま何かハッピーなことを思い出せばいいのです。

たとえば、彼とケンカをしてイライラやムカムカの気持ちがもちあがってきたら、優しいときの彼の表情を思い浮かべるのです。ふたりの間にイヤなムードが流れたときは、自分のほうが大人になって、不機嫌な表情を出さないようにすること。自分がもし不機嫌な表情でいれば、それは確実に彼に伝わり、彼を不愉快にします。そして、彼が不愉快な表情になれば、自分がさらに不愉快になる……。こんな悪循環が生まれてしまいます。

それを打ち消すのは、自分自身なのです。必ずできるようになります。

LESSON 5

いつまでも
“最高に仲のいいふたり”
でいられる秘訣

- 男性が本能的に女性に対して求める愛情とは？
- 彼はこんなとき、はりきってしまう！
- １００歳になっても魅力的な人

あなたはもっと
愛される！今すぐ
ランクアップできる
“自分の磨き方”

51

いろいろな話ができる人は、それだけで魅力的

だから、新しいことにどんどんチャレンジ!

なぜ、いくつになっても、学んで成長しつづけたほうがいいの?

私たちは、相手に、予想外な一面を発見すると、好奇心が刺激され、相手のことをもっと知りたいと思う生き物です。べつにすごく変わった趣味や特技がなくてもかまいません。その人が、自分にはない、よいカラーを1つもっているだけで、興味をもつものなのです。

インドア派に見えるけれど、実はオートバイが大好きで、休日はツーリングをしている。めんどくさがりやに見えるけれど、実はボランティア活動に熱心で、週末は施設で手伝いをしている。**こんなプラスのギャップに、人は新鮮な驚きを覚え、魅力を感じます。**

人間は、相手のことをすべて理解したと思うと、その相手への興味を失ってしまう傾向が

あります。いつもワンパターンなことしか答えない人に対しては、「この人は、どうせこう答えるだろう」という印象を固め、つまらなく感じてしまいます。

100歳になっても魅力的な人

逆に、すべてを知り尽くしたようなつきあいの長い相手が、「きっとこう答えるだろう」と思っていたのとは違う、想定外な意見を述べたら「あれ？　こんなにすてきな人だったっけ？」と新たな関心がわいてくるから不思議なものです。

日々いろいろなことにチャレンジして成長していけば、いくつになっても、相手の思いこみを裏切る意外性を、自然と発揮できるようになります。そうすれば、いつまでも魅力的な人でいられるのです。

52 「どう思う?」で彼の出番をつくってあげる

コメントを求めるだけでもいい!

彼はこんなとき、はりきってしまう!

何かをするとき、ときには彼に一言相談して、アドバイスを得るようにしてみてください。

「この書類を見てくれない? うまくできたか自信がないの」

「あなたと行く来週のパーティーにこのドレスを着ていくのはどう? あなたはどう思う?」

こんな感じで、**「あなたの助言があると、さらにいい決断ができる」**というそぶりを、少しだけ見せるのです。女性の自立が叫ばれて久しいですが、いまだに、多くの男性は保守的で、女性に頼られればうれしくなり、「僕が守ってあげなければ」「困っている彼女を助けてあげたい」と、はりきってしまうのです。

ヒーローになりたがる男性が多いのは、なぜ？

多くの男性は、「男性は女性よりも強い」「男性は女性を守らなければいけない」と、幼いころから親や教師にインプットされてきました。ですから逆に、その認識に当てはまらない女性に対しては、どう接していいのかわからないのです。

そしてセオリー通りの、女性から相談される、助けを求められるといった状況になると、「僕の出番！」とばかりに喜んで彼女を救うヒーローになろうとするのです。

もちろん、本当に彼の助言がなければ何もできない女性になる必要はありません。

ただ男性は頼られると喜ぶ生き物であることを知っておき、時々、彼の出番をつくってあげても、なんの損もないということです！

53

本当は自分でできることも、頼んでみる

ポイントは、相手の負担にならない小さな頼みごと

頼られることが、いい刺激に!

大好きな彼に、「○○のつかい方を教えて」と頼めば、彼は「しかたないなあ。オレだって○○のことは得意じゃないよ」などと言いつつも喜んで教えてくれるはずです。

仕事においても同じです。男女問わず、苦手な人のことを避けるのではなく、積極的に相談したり、お願いごとをしたりすると、相手はあなたに対して「世話の焼ける人だなあ。私がいないと何もできないんだから」と、**よほど負担にならないかぎり、好感をもつようになる**のです。**誰だって嫌いな人に頼みごとはしません。**ですから、頼まれる相手も、頼んでくる相手が自分に好感をもっていることを感じられ、うれしいのです。

54 トライする前から、あきらめない

思いのままにチャレンジしてみる

「自由に生きる」ことは、自分を大切にすることの1つ！

私たちは一見、自由であり、なんでもやりたいことができるように見えますが、意外とそうではなく、**自分で自分をしばっていることが多い**のです。無意識のうちに自分で自由な行動を制限してしまっていることが多いのではないでしょうか。

「女性からさそうなんて大胆すぎるのでは？　遊んでいると思われてしまうのでは？」と勝手に心配して恋のチャンスをつかめずにいるならもったいないと思います。**チャンスがないなら自分でつくればいいのです。自分で人生を切り拓《ひら》いていける人に、幸運は味方します。**

55

「100%、彼まかせ」にしない強さは魅力

時には自分がリードする

男性が本能的に女性に対して求める愛情とは?

男性は基本的に保守的で、母親のように温かく自分を無条件に愛してくれる絶対的な愛情を求めています。優しくて控えめで、やわらかなぬくもりです。これを心理学では**「エディプス・コンプレックス」**と呼びます。どんなに体が大きくて強そうに見える男性でも、女性を前にすると甘えん坊になったり、わがままを言ったりするのはそのためです。

女性のほうもそんな男性といると、まるでその要求にこたえるように、子どもがいてもいなくても、なぜか母性がわいてきます。ひとりでいるときは男っぽいのに、彼といるときはすっかり女性らしくなってしまう人は、この典型です。

男心も、乙女以上にコロコロ変わる

多くの女性は、彼といるときはデートの行き先や食事のメニューなどを彼の希望に合わせ、自分の希望を二の次にしがちです。しかし、男性が女性に意外性を求めているのもまた事実です。

いつも優しく見守ってくれていた女性が、めずらしく自分の主張をしたりリードしたりすれば、彼は新鮮な驚きを覚えるでしょう。

「今日は、私にごちそうさせて！」

「1つだけ、私のお願いを聞いてほしいの」

「これは、私に決めさせてほしいな。あとはすべてあなたの言う通りでいいよ」

こんなふうに言えば、恋愛のすてきなスパイスになり、彼も自然に、彼女のリードを受け入れられるでしょう。

56

彼がいないと不安ですか？彼に依存していませんか？

ひとりの時間があなたを魅力的な大人に変える

ブルッ
?
※こういうのはいけません。

孤独を楽しむことができますか？

もし、ひとりで好きなようにすごせる時間と空間がたっぷりあったら、楽しいと思いますか？　もしかしたらその逆で、「ひとりになるのがイヤ」「スケジュールに、人と会う約束が入っていないと不安」「ＳＮＳで誰からも連絡がないと落ちこむ」といった状態でしょうか？　人とつながることを楽しめるのは健全なことですが、常に誰かと接してないと不安で見捨てられたような気持ちになってしまうとしたら、ちょっと問題です。

ウィニコットという精神分析学者は、**「ひとりでいられる能力」**と、**「情緒的成熟」はほとんど同意語**だと言います。**つまり、ひとりになれない人は、まだ大人になりきっていないと**

なんで返信くれないの!?
まだ既読にならない…
私のこと好きじゃないの!?
今何してるの？
うんざり…

いうことです。こういう人は、おつきあいをしているとき、相手に「重い」と言われた経験があるかもしれません。相手が感じた「重さ」とは、「なんで連絡をくれないの？　私だけを見てよ」「昨日は何をしていたの？　私はずっとあなたを待っていたのに」などという要求の重さです。

相手へ無理な要求をしないために、これを自覚して！

電話がほしいとか、もっと愛してほしいというのは、自分側の一方的な欲求でしかありません。彼への依存心がひどくなると、常に彼のことばかり考えてしまい、しつこく彼を追い回し、彼を責め立ててしまうようになります。そんな人が好かれることはないと肝に銘じておくことです。

57 あなたも、たくさんの言葉をプレゼントされてきました

今すぐ、自立した大人になろう

依存心を捨てるには、どうしたらいい？

たとえば、友人をまねいてホームパーティーを開き、友人のために料理をふるまう。あるいは、誰かの誕生日にプレゼントやカードを贈る。

「ありがとう」とか、「おかげさまで」という言葉を意識的につかう。

悩んでいる人の話を聞いてあげ、「大丈夫よ」「あなたならできるよ」と、励ましの言葉をどんどんかけてあげる。困っている人には、「お手伝いしましょうか」と声をかける。

このように人に尽くしていると、結果的に行動力やひとりでいられる強さが身につき、みんなに慕われる人気者になっていきます。

なぜか、あこがれの彼から、おさそいが増える！

誰かの優しさに依存する立場から、与える立場になった女性は、いっしょにいる人の心を温め、どんな人にとっても、このうえない理想的なパートナーとなるでしょう。

また、意外にも、自分から与えていると、ほしかったものが手に入りやすくなります。与えられるものの中には、彼のハートもふくまれています。求めてばかりいるときは手に入らなかったものが、与える側になると手に入るなんて、不思議ですね。

理由は簡単です。「情けは人のためならず」というように、人にかけた情けが、めぐりめぐって自分のもとに返ってくるわけです。

しかし、最初からそれを期待していてはいけません。**見返りを求めないで与えることが、結果的に幸運をもたらすのです。**

58

追いつけないから、追いかけたくなる

もっともシンプルな恋愛の形とは？

なぜ、スポーツの得意な人や、勉強ができる人はモテる？

自分がやりたくてもできないことを実現している人に抱く「すごいなあ」という尊敬の念は、「私もああなりたい」というあこがれとなり、やがて「あこがれの人と仲よくなりたい」という恋に似た感情に変わることがあります。しかし、今の彼に対する尊敬が次のようなことなら、ふたりの将来が少々心配です。

×背が高いなど、ルックスのよさ。
×有名大学卒の学歴。
×大手企業に勤めて年収が高いところ。

内面を尊敬できる人がいちばん！

先に挙げたようなことは、将来、変わる可能性のある上辺のことでしかありません。それよりも、

◎私の家族に優しくしてくれる思いやり。

◎子どもや動物をかわいがる優しさ。

◎他人の悪口を言わないところ。

こうした内面を尊敬できる人を探しましょう。また、ふたりの関係を長つづきさせるには、彼から尊敬される人になりましょう。その内容は、

◎お世話になった人にきちんとお礼できる礼儀正しさや、約束をしっかり守る誠実さ。

◎笑顔で周囲の雰囲気を明るくする前向きさ。

◎自分の間違いを認めてあやまる謙虚さ。

こうしたことが大切なのです。彼は、そんな彼女を見て、誇らしいと思うはずです。

59 真剣な話をする日もいつかきます

ちゃかしたり、はぐらかしたりして逃げない！

彼と親しくなればなるほど、会話の内容は変わってきます！

知りあって間もないころは、「最近の調子はどう？」とか、「今日も暑くて蒸《む》すね」などと当たりさわりのない話をしていたふたりも、時がたつにつれ、グチを言いあったり、小さなケンカをしたりするようになります。信頼しあい、心の中を見せあうようになるからです。

恋人どうしになれば、会話の内容はさらに深まり、将来について話すこともあるでしょう。

「僕は今の会社に入ってよかったと思うよ。たぶん定年まで勤めると思う。そして安定した人生を歩むことになるだろうね。僕は冒険するタイプじゃないから、それでいいんだ」

「昔は30歳までに結婚しようと思っていたけど、今は、仕事で家族をやしなう自信をつけて

から、愛する人を迎えたいんだ。相手がその気になってくれればの話だけどね！」

彼が自分の将来のビジョンを語るときは、それをきちんと聞いてあげなければいけません。

決してちゃかしたり、うわの空でいたりすることのないようにしましょう。

あなたが彼に対して真剣なら……

長くつきあえば、結婚の話も出るでしょう。そうなれば、お互いの家族の話、将来の夢や、財産のことだってオープンにしなければならないのです。そうした覚悟だけはもっておいてほしいのです。人を愛すれば、相手の人生に深くかかわることになります。そして逆に、自分の人生に誰かが深くかかわってくることにもなります。**そんなとき、誠実で真剣な会話はコミュニケーションツールとして、その価値を増します。**

60

断るときは、理由をそえるのがマナーです

疑心暗鬼にさせないためにも！

彼があなたの結婚観について聞いてきたら？

今すぐ彼と結婚したい場合はともかく、そうでない場合や迷っている場合は、伝え方が重要です。まだはっきり自分の意志が決まっていないなら、その理由をきちんと伝えましょう。

「正直言って、私は将来の設計図がまだ描けていないの。先輩たちは、5年くらい勤めてから結婚して子どもを産んで、子どもが小学校にあがったらまた復職する人が多いの。でも、私はそれが自分に合うとは思わない。結婚へのあせりもないし、まだ子どもがほしいとも思わない。でも、それは私がまだ若いからかも。いろいろ考えているけど未定なのよ」

このように内容がどうであれ、まじめに伝える姿勢が大切なのです。

「わからない」の一言ですませない

彼が彼女の将来設計に興味をもっているのは、彼女に興味があるからです。その要求に応えないと、彼の気持ちを否定することとなり、彼の熱は確実に冷めます。

将来設計が未定なのなら、それをきちんと口に出して言わなければ、伝わりません。

彼に自分の家族に会ってほしいと言われ、まだ時期が早いので断りたいというなら、「ありがとう。私のことを真剣に考えてくれているとわかってとてもうれしいわ。でもね、私はまだその時期じゃないと思うの。もう少しふたりが理解しあってからのほうがいいと思うわ。だから、今回は辞退させてほしいのだけど、いいかしら？」と、きちんと理由を説明しましょう。

61

「ありがとう」を言える相手がいるのはすてきなこと

相手の存在に感謝！

愛されるのは、「おかげさまで」「ありがとう」という気持ちをもつ人

自分が元気でいられるのも、仕事があるのも、恋愛を楽しんでいられるのも、誰かのおかげです。**それを、自分ひとりの力だと思っているなら、それは勘違いというものです。**

少しでもお世話になった人には、「ありがとうございます」「おかげさまで」この2つの言葉を、もったいぶらずに届けましょう。きちんと心をこめて、笑顔をそえて、姿勢を正して言ってください。言われたほうは、うれしい気持ちになるものです。そして、言ってくれた人に好感を抱くようになります。このときに、「どうも」という言葉だけですませてしまう人がいますが、それでは、相手に感謝の気持ちはしっかり伝わりません。

この一言で、解決できることはたくさんあります

どんなに話し上手な人も、お礼を言えなければ、人間関係はうまくいきません。

「あなたとつきあい出してから、私の心はいつも安定しているのよ。ありがとう。あなたと出会えたことに感謝しているの」

「あなたが応援してくれるおかげで、仕事は順調よ。これからもよろしくね」

男性には、モノを贈られるよりも、お礼の言葉をうれしく感じる人が多くいます。

しばらくご無沙汰している人にも、何か理由をつけて、「ありがとう」を伝えるといいと思います。するとたくさんの人をハッピーにすることができます。

62

あなたは、何がしてあげられますか

「求める人」から「与える人」へステップアップ

人は、誰か（何か）に頼らなければ生きられないけれど……

つらいことがあると誰かに励ましてもらうのは「精神的な依存」、同棲中の彼のアパートにタダで住まわせてもらっているのは「金銭的な依存」。

誰にも依存しないで生きようとする人もいますが、他人には頼らないと決めた人も、アルコールや買い物などに依存してしまうこともありますから、難しいものです。

依存グセの何が問題なのかというと、他者から重たいと敬遠されてしまう点、また、依存の対象がなくなったときに、自分の心のバランスが保てなくなるという点です。**心穏やかに、かつ、強く生きられるようになるために、何かに依存しなくてもいい人になりたいものです。**

まずは言葉を変えるところから

依存から抜け出す方法で、いちばん簡単なのは、「与える自分」になることです。

もらうことよりも、あげることに意義を見出せるように、意識を変えるのです。

そのためには言葉づかいも変えましょう。

今まで、「〜〜してほしい」「どうして〜〜してくれないの」と言ってばかりいた人は、それを禁句にして卒業してしまうことです。

依存体質の人は、もともと繊細な心をもっているので、与えられる側から与える側に変わることは、そんなに難しいことではないのです。

63 心を決めてスタート！すべては輝き始めています

人を好きになる才能を磨こう

「いいところを見る」と決めれば、見えてきます！

人から愛されたければ、人を愛することが大事なのはわかったけれど、どうすればたくさんの人を愛したり好きになったりできるのでしょうか？

実は、人を愛したり好きになったりすることもまた、努力次第で開花させられる「能力」なのです。人の欠点ばかりに目がいく人は、文句ばかり言って、人に歩み寄ろうとしません。また、好きになったとしてもそれを表現しようと「行動」を起こさないようでは、人間関係は発展せず、人から好かれる可能性も低いままです。**好きな相手に振り向いてもらうには、積極的にはたらきかける勇気が必要になります。**

「いいこと」をいっぱい受け取るために

「私はいつも自分から恋をするけど、うまくいったためしがない」という人は、つのる想いを心に閉じこめてしまい、行動がたりないのかもしれません。

こうした積極性を支え、自分の魅力を引き出すのは、自信です。自分の長所や美点を否定し卑下し、自信のないおどおどした態度でいたのでは、いくら内面がすばらしくても、周囲から好感をもって迎えられることは不可能です。

誰よりも先に、自分自身が自分の「価値」を認識する必要があるのです。

人から愛されたければ、人を愛すること。

そして、人を愛したければ、自分を愛すること。

愛を語るとき、このルールは、はずすことのできないものなのです。

自分を愛するには、ふだんから肯定的な言葉をつかい、自分を卑下するのはやめて、我慢しすぎないで、自分の好きなことをしましょう。自分の欲求にしたがいましょう。**自分に「ありがとう」「お疲れさま」「がんばったね」という言葉をかけてあげましょう。**

自分を愛してあげることで、自信がつき、心に余裕ができると、いい意味での欲がわいてきます。人を愛し、愛されたいというエネルギーがわいてきます。

「私は絶対に幸せになる」

「今日もハードな仕事をよくがんばったね。お疲れさま。明日も一日長いけど、がんばりましょう。おやすみなさい」

こんなふうに、眠る前に、自分に対して口に出して言ってみましょう。そして、目を閉じて、すばらしい未来を楽しんでいる自分を思い浮かべましょう。

さあ、もう大丈夫。

自分のまわりには、「いいこと」がいっぱい起こり始めます。

自分はもう幸せの階段をのぼり始めています。

〈了〉

イラスト版《ばん》 話《はな》し方《かた》を変《か》えると
「いいこと」がいっぱい起《お》こる！

著　者――植西　聰（うえにし・あきら）
発行者――押鐘太陽
発行所――株式会社三笠書房
〒102-0072 東京都千代田区飯田橋3-3-1
電話：(03)5226-5734（営業部）
：(03)5226-5731（編集部）
http://www.mikasashobo.co.jp
印　刷――誠宏印刷
製　本――若林製本工場

編集責任者　清水篤史
ISBN978-4-8379-2664-1 C0036

本書は小社より刊行した文庫をイラスト版単行本化にあたり大幅に加筆・改筆したものです。